Georg Kaibel, Aristoteles

Aristoteles' Schrift vom Staatswesen der Athener

Georg Kaibel,   Aristoteles

Aristoteles' Schrift vom Staatswesen der Athener

ISBN/EAN: 9783743445895

Hergestellt in Europa, USA, Kanada, Australien, Japan

Cover: Foto ©Suzi / pixelio.de

Manufactured and distributed by brebook publishing software
(www.brebook.com)

Georg Kaibel,   Aristoteles

Aristoteles' Schrift vom Staatswesen der Athener

ARISTOTELES

SCHRIFT

VOM

STAATSWESEN DER ATHENER

VERDEUTSCHT

VON

GEORG KAIBEL UND ADOLF KIESSLING

ZWEITER UNVERÄNDERTER ABDRUCK.

STRASSBURG

VERLAG VON KARL J. TRÜBNER

1891

HERMANN VSENER

IN LIEBE DARGEBRACHT

Weit über die Kreise der gelehrten Fachgenossen hinaus reicht das Interesse, welches die Auffindung der aristotelischen Schrift von der Staatsverfassung der Athener in Anspruch nehmen darf. Darum haben wir uns entschlossen denjenigen Gebildeten, welche es sich versagen müssen die Darstellung des Aristoteles im griechischen Wortlaute zu geniessen, eine lesbare Verdeutschung zu bieten. Wo und wie weit dieselbe von den Lesungen des englischen Herausgebers, der mit unvergleichlichem Geschick den schwierigen Papyrus entziffert hat, abweicht, werden philologische Leser bei der Nachprüfung leicht feststellen können: bei der Revision der Druckbogen kamen der Uebersetzung, ausser der Vergleichung des Facsimile welches uns die Verwaltung des britischen Museums in liebenswürdigster Weise schon jetzt zur Verfügung stellte, auch an drei oder vier Stellen die unterdessen veröffentlichten Besserungen von Blass nachträglich zu Gute. Die wenigen Stellen, deren sichere Herstellung vorläufig noch nicht gelungen ist, sind durch Lücken im Text kenntlich gemacht.

Strassburg, den 6. März 1891.

Die Uebersetzer.

*   *   *

(1). Dreihundert Männer aus den vornehmsten Geschlechtern wurden feierlich vereidigt und zu Richtern über den Blutfrevel bestellt, den die Alkmeoniden an den Anhängern des Kylon begangen hatten; Kläger war Myron von Phlya. Die Angeklagten wurden schuldig befunden'und sie und ihr ganzes Geschlecht zu lebenslänglicher Verbannung verurtheilt, selbst die Leichen derer, die im Kampfe gefallen waren, wurden aus den Gräbern gerissen und über die Grenze geschafft. Dann musste Epimenides von Kreta die blutbefleckte Stadt mit Sühnopfern reinigen.

(2) Nach diesen Vorgängen brach zwischen der Masse des Volks und dem Adel ein langwieriger Kampf aus, zu dem die damals durchaus oligarchische Verfassung den allgemeinen Anlass bot. Die besonderen Gründe waren die folgenden. Der ganze Grundbesitz befand sich in der Hand einiger weniger reicher Leute, denen die verarmten Bauern mit Weib und Kind dienstbar waren. Sie hiessen Hörige (πελάται) und Sechstler (ἑκτήμοροι), weil sie nur ein Sechstel des Ertrages als Lohn für die Feldbestellung erhielten.

1

Fünf Sechstel mussten sie abliefern, und wenn sie im Rückstande blieben, verfielen sie mit Leib und Leben dem Grundbesitzer, sie selbst wie ihre Söhne. Diese Verhältnisse dauerten bis das Volk an Solon zum erstenmal einen Vertreter seiner Interessen fand. Am schwersten und bittersten empfand es die Menge, dass sie von allen Regierungsstellen ausgeschlossen war, aber es gab noch manches andere, was sie empörte: denn im Grunde hatte das Volk überhaupt keine Rechte.

(3)	Die alte Verfassung nämlich, die sich bis auf Drakons Zeit erhielt, sah folgendermassen aus. Alle Regierungsstellen wurden ausschliesslich aus den Adligen und den Reichen besetzt und wurden anfänglich auf Lebenszeit, später auf zehn Jahre vergeben. Die vornehmsten und ältesten Stellen waren die des Königs, des Kriegsobersten (πολέμαρχος) und des Archonten. Von diesen war wiederum die Königswürde die älteste; sie hatte von Anfang an bestanden. Dazu kam als zweite, da der eine oder andere unter den Königen sich als kriegsuntüchtig erwies, die Würde des Kriegsobersten: der erste, den sie im Drange der Noth in dieses Amt beriefen, war Ion. Am spätesten wurde die Stelle des Archonten geschaffen, unter König Medon, wie die meisten behaupten, nach anderen Berichten erst unter König Akastos. Für diese letztere Angabe dient als Beleg eine Stelle des Schwurs, den noch heute die neun Archonten schwören, dass sie nämlich

ihres Amtes walten wollten, wie es zu König
Akastos' Zeit ausgemacht worden sei. Daraus
folgert man, dass unter Akastos' Herrschaft die
regierenden Könige, die Kodriden, dem Archon
einen Theil ihrer Ehrenrechte abgetreten haben.
Wie es sich damit verhalten mag — es kommt
wenig darauf an — der sicherste Beweis dafür,
dass die Archontenwürde von den dreien die
jüngste ist, liegt darin dass der Archon mit den
Opfern der Altvordern, wie sie dem Könige und
dem Kriegsobersten obliegen, gar nichts zu schaf
fen hat, vielmehr .... Erst neuerdings hat dieses
Amt Bedeutung erhalten, indem sein Wirkungs
kreis durch erhebliche Zuthaten erweitert wurde
Die sechs Thesmotheten sodann wurden erst viele
Jahre später eingesetzt und zwar von vornherein
nur auf ein Jahr, mit der Aufgabe die alten
Rechtssatzungen aufzuschreiben und für den Gebrauch vor Gericht aufzubewahren. Bei so ein-
facher Thätigkeit erklärt es sich, dass allein die
Amtsführung der Thesmotheten eine jährige war.
Dies ist die zeitliche Abfolge, in der die genannten
Staatswürden geschaffen wurden. Ein gemein-
sames Amtslokal hatten die neun obersten Beamten nicht. Der König amtierte in dem jetzt sogenannten Bukoleion nahe dem Prytaneion (dafür
spricht die Thatsache, dass noch heutzutage an
jenem Orte die Gattin des Archon-König alljähr-
lich dem Dionysos zu ehelicher Gemeinschaft
angetraut wird), der Archon dagegen im Pry-

1*

taneion und der Kriegsoberste (Polemarch) im
Epilykeion, einem Gebäude das Anfangs einfach
Polemarcheion hiess, später aber, als es vom
Polemarchen Epilykos während seiner Amtszeit
ausgebaut und ausgestattet wurde, diesem zu
Ehren den neuen Namen bekam. Die Thesmotheten endlich sassen im Thesmotheteion, wohin
später unter Solon der gemeinsame Amtssitz der
Archonten verlegt wurde. Sie alle hatten bei
den ihnen zustehenden Rechtshändeln nicht nur,
wie heutzutage, die Untersuchung zu führen,
sondern waren zu richterlicher Entscheidung befugt. Dies war damals die Stellung der höchsten
Beamten. Daneben stand der Rath der Areopagiten. Er hatte über Sitte und Herkommen zu
wachen, hatte den grössten und wichtigsten Theil
der Verwaltung in Händen und belegte nach
eigenem Ermessen den, der sich gegen die Ordnung verging, mit Bussen und Strafen. Das
Ansehen dieses Rathes beruhte darauf, dass er
aus lauter gewesenen Archonten bestand, die
ihrerseits wieder nur aus den reichsten und vornehmsten Familien genommen wurden. Hierin
liegt zugleich die Erklärung dafür, dass allein
die Areopagitenwürde eine lebenslängliche bis
auf den heutigen Tag geblieben ist.

(4)   Dies sind die Umrisse der ältesten Verfassung,
die nicht langen Bestand hatte. Schon in dem
Jahre, da Aristaichmos Archon war, wurde sie en!
durch Drakons Satzungen abgeändert, deren

Hauptinhalt in Folgendem bestand. Die Ausübung der politischen Rechte ruhte ausschliess-
lich in den Händen derer, welche eine volle
Waffenrüstung stellen konnten. Die neun Archonten sowie auch die Schatzmeister wurden
aus denen gewählt, die ein schuldenfreies Vermögen von mindestens zehn Minen Werth be-
sassen, zu den übrigen geringeren Stellen hatten
alle Zutritt, die eine Waffenrüstung stellen konnten. Die Feldherren und die Reiter-Obersten
mussten ein schuldenfreies Vermögen von mindestens hundert Minen Werth nachweisen und
mussten Söhne haben, die von einer athenischen
Mutter in gesetzmässiger Ehe geboren und
über zehn Jahre alt waren — — — — Der
Rath bestand aus vierhundertundein Mitgliedern,
die aus der ganzen Vollbürgerschaft erloost
waren. Für sie wie für die übrigen Beamten,
die durchs Loos bestimmt wurden, galt als
unterste Altersgrenze das dreissigste Lebensjahr; keiner von ihnen durfte zum zweitenmal
dasselbe Amt bekleiden, bevor nicht alle übrigen
daran gewesen waren; dann fing man mit dem
Loosen wieder von vorn an. Wer von den
Rathsherren eine Sitzung sei es des Raths oder
der Bürgerschaft versäumte, zahlte eine Busse,
drei Drachmen, wenn er ein Pentakosiomedimne
war, zwei, wenn er zum Ritterstande gehörte,
eine, wenn er Kleinbauer (ζευγίτης) war. Zum
Wächter über das Recht war der Areopag ge-

setzt, der darauf zu sehen hatte dass die Beamten genau nach Gesetzesvorschrift ihres Amtes walteten. Wer sich von einem Beamten beeinträchtigt glaubte, durfte beim Areopag Beschwerde führen, unter Angabe der gesetzlichen Bestimmung die er sich gegenüber verletzt meinte. Die Schuldsklaverei aber der verarmten Bauern, wie schon gesagt, dauerte fort, und der Grundbesitz blieb in den Händen weniger.

(5)   Diese Zustände und besonders dies Verhältniss der Knechtschaft, in welchem die grosse Masse zu den wenigen Reichen stand, trieb das Volk zur Empörung. Der Kampf war hartnäckig, und lange Zeit standen die Parteien sich feindlich gegenüber. Endlich vereinigten sie sich dahin, den Solon zum Schiedsrichter und zugleich zum Archon zu wählen und ihm die Ordnung der Verfassung anzuvertrauen. Dazu waren sie besonders durch ein Gedicht des Solon veranlasst worden, das mit den Versen beginnt:

Was ich gehofft, war Täuschung. Nun nagt
der Schmerz mir im Busen,
Schau ich, edelster Zweig ionischen Stammes,
auf dich.

In diesem Gedichte nimmt Solon einen völlig unparteiischen Standpunkt ein; er verficht die beiderseitigen Interessen gegen beide Parteien, er prüft die strittigen Ansprüche und ermahnt schliesslich Beide, vom begonnenen Zwiste abzustehen. An Beredtsamkeit und persönlichem

Ansehen konnte Solon es mit den ersten Männern
im Lande aufnehmen, aber nach Herkunft und
Vermögen gehörte er nur dem Mittelstande an,
wie er es, abgesehen von anderen unbestrittenen
Belegen, in folgenden Versen selbst bezeugt, in
denen er die Reichen ermahnt ihre Stellung
nicht über Gebühr auszunützen:

*Die ihr im Schoosse des Glücks des Guten so
reichlich genossen,*
*Reicht zum Frieden die Hand, fort mit dem
thörichten Stolz.*
*Zähmt den begehrlichen Sinn: maasslos die
Wünsche zu nähren*
*Frommt euch selbst nicht, und wir, glaubt es,
wir geben nicht nach.*

Ueberhaupt schiebt er die hauptsächliche Schuld
an dem Parteizwist stets den Reichen in die
Schuhe, und gleich zu Anfang des Gedichtes bezeichnet er 'die schnöde Geldgier und den Uebermuth' als die besorgnisserweckende Quelle alles
Haders.

(b) Als nun Solon von den Parteien unum-
schränkte Vollmacht bekommen hatte, ward er
der Gesetzgeber seines Volkes und der Befreier
des gemeinen Mannes, indem er für jetzt und für
immerdar die Schuldsklaverei abschaffte. Zudem
verfügte er einen allgemeinen Schuldenerlass,
eine Entlastung, wie man es euphemistisch nannte
(σεισάχθεια), die in gleichem Maasse die privaten wie die Staatsschuldner traf. Aber gerade

bei dieser Massregel haben manche den Solon zu
verdächtigen gesucht. Bevor nämlich der Schuldenerlass zur Ausführung kam, sprach Solon mit
einigen Freunden davon, und die Freunde be-
nützten diese Mittheilung zu einer Manipulation,
die den guten Absichten Solons durchaus zuwider
lief. Sie borgten Geld und kauften eine grosse
Menge Landes auf, so dass sie, als gleich darauf
der Schuldenerlass sie der Rückzahlung überhob,
reiche Leute waren. Das sind, wie es heisst,
die Vorfahren der Familien die in späterer Zeit
auf ihren altererbten Reichthum pochten. So
lautet die demokratisch gefärbte Version. Die
Gegner fügen gehässig hinzu, Solon selbst habe
sich an dem ungerechten Gewinn betheiligt. Doch
ist die erste Fassung glaubwürdiger. Solon hat
sich in allen Dingen als massvollen und uneigen-
nützigen Mann bewährt, so sehr, dass er anstatt
mit Fälschung seiner eigenen Gesetzgebung sich
die Alleinherrschaft anzueignen, wie er es doch
konnte, sich lieber den Hass beider Parteien zuzog:
er stellte eben das, was er für gut und richtig
erkannt hatte, und das Wohl des Staates über
seinen eigenen Vortheil. Dass ein solcher Mann
in so kleinen und unwürdigen Dingen die Rein-
heit seines Namens sollte befleckt haben, das ist
ganz unwahrscheinlich. Dass er aber in der
That jene grosse Machtstellung hatte und sie nur
dazu benützte den kranken Staatskörper zu
heilen, das hat er selbst an vielen Stellen seiner

Gedichte betont, und keiner hat es ihm zu bestreiten gewagt. Die erwähnte Beschuldigung also darf man für eine Erfindung erklären.

(7) Eine Verfassung hat Solon dem Staate gegeben und hat sie auf neue Gesetze gegründet. Die Satzungen des Drakon, mit Ausnahme der Blutgesetze, traten ausser Kraft. Die neuen Gesetze liess die Gemeinde auf Holzpfeiler eingraben und diese in der Königshalle aufstellen; dann mussten alle schwören, die Gesetze zu halten. Die neun Archonten, die den Eid auf dem Steine am Markte leisteten, verpflichteten sich zudem, falls sie eins der Gesetze überträten, den Göttern ein goldenes Bild zu weihen. Denselben Eid schwören die Archonten noch heute.

Auf Grund seiner Gesetze nun also, denen er eine hundertjährige Giltigkeit sicherte, ordnete Solon die Verfassung in folgender Weise. Zunächst theilte er in Anlehnung an die bestehenden Vermögensklassen die ganze Bürgerschaft in vier Steuerklassen, in Pentakosiomedimnen, Ritter, Kleinbauern (ζευγῖται) und Lohnarbeiter. (θῆτες). Von diesen verlieh er nur den ersten drei Klassen die Berechtigung, Regierungsstellen zu bekleiden, indem er bei der Bestellung der einzelnen, der neun Archonten, der Schatzmeister, der Poleten, der Elfmänner, der Kolakreten, die Bedeutung des Amtes nach der Grösse des eingeschätzten Vermögens abstufte. Die vierte

Klasse war auf das Stimmrecht in der Volks
versammlung und in den Volksgerichten beschränkt. In der ersten Klasse steuerten die,
welche von ihrem Eigenthum einen Reingewinn
von mindestens fünfhundert Maass gewannen,
sei es an Flüssigem (Wein, Oel) oder an Trockenem, in der zweiten, der Ritterklasse, diejenigen
welche einen Reinertrag von mindestens dreihundert Maass hatten. Freilich meinen einige,
dass die Zugehörigkeit zu dieser Klasse vielmehr
an den Besitz eines Pferdes geknüpft war, und
stützen sich sowohl auf den Namen, der doch
nur für einen Berittenen passe, wie auf alte Denk-
mäler. In der That findet sich auf der Burg ein
Bild, dessen Aufschrift besagt, dass Anthemion
des Diphilos Sohn es den Göttern geweiht habe,
da er sich aus der Klasse der Lohnarbeiter in
die der Ritter emporgeschwungen habe. Neben
dem Manne steht ein Pferd, und das, meint man,
sei eben als Zeichen des neuen Standes da. Das
lässt sich wohl hören, aber nach Analogie der
Pentakosiomedimnen ist es doch glaublicher, dass
die Höhe des jährlichen Reinertrags die Zugehörigkeit zur Ritterklasse bestimmte. In der
Klasse der Kleinbauern steuerten die, welche
einen Reinertrag von zweihundert Maass an
Trockenem oder Flüssigem zogen. Alle übrigen
gehörten der vierten Klasse an, die von allen
Regierungsstellen ausgeschlossen war. Noch
heute wird nicht leicht jemand, der sich um ein

Amt bewirbt, auf Befragen eingestehen, dass er
in der vierten Klasse steure.

8) Die Beamten wurden durchs Loos bestimmt,
und zwar loosten die, welche von den einzelnen
Stämmen [den vier sogenannten ionischen Adels-
phylen] dazu präsentiert waren. Für die Stellen
der neun Archonten z. B. präsentierte jeder Stamm
zehn Männer, und diese loosten unter einander.
Daher ist es noch heute so, dass jeder Kreis
zehn Candidaten präsentiert, aus denen die neun
Archonten erloost werden. Es war aber die
Loosung nicht frei, sondern auf bestimmte Steuerklassen beschränkt; das beweist das noch heute
giltige Schatzmeistergesetz, welches bestimmt
dass um die Schatzmeisterstellen nur Pentakosiomedimnen loosen dürfen. Dies sind Neuerungen
der solonischen Gesetzgebung; denn vormals
berief der Rath vom Areopag nach eigenem Ermessen diejenigen, die ihm zu den einzelnen
Stellen die geeignetsten erschienen, und bestellte
sie auf ein Jahr.

Stämme gab es, wie auch früher schon, vier
und ebensoviele Stammesälteste (φυλοβασιλεῖς).
Jeder Stamm war in drei Drittelschaften (τριττύες)
und in zwölf Capitänschaften (ναυκραρίαι) getheilt.
An der Spitze der letzteren stand die Behörde
der Capitäne (ναύκραροι), die die Steuereingänge
sowie die darauf angewiesenen Ausgaben zu besorgen hatten. So steht es in einem derjenigen
solonischen Gesetze, die jetzt, wo es keine

Capitänschaften mehr giebt, natürlich abgeschafft sind, geschrieben, 'die Capitäne sollen die Steuern eintreiben und aus der Capitänschaftskasse Zahlung leisten.' Den Rath besetzte Solon mit vierhundert Mitgliedern, hundert aus jedem der vier Stämme. Dem Areopag vertraute er die Hut seiner Gesetze an, wie dieser ja auch früher schon als oberste Aufsichtsbehörde die meisten und wichtigsten Interessen des Staates in seiner Obhut gehabt und nach eigenem Ermessen die, welche sich gegen die Ordnung vergingen, mit Strafen und Bussen belegt und die Bussgelder an die Burgkasse abgeführt hatte, ohne die Strafveranlassung dazuzuschreiben. Ausserdem bekam er nun durch Solon die Befugniss gegen diejenigen rechtlich einzuschreiten, welche sich zum Sturz der neuen Verfassung verbänden. So ordnete Solon die Stellung der beiden Rathskörperschaften. Da er aber die Erfahrung gemacht hatte, dass während der häufigen Parteikämpfe in der Gemeinde manche von den Bürgern aus Gleichgiltigkeit die Sachen gehen liessen wie sie wollten, schuf er für sie noch ein besonderes Gesetz, dass, wer während einer Bürgerfehde zu keiner der beiden Parteien halte, bürgerlich ehrlos sein und aus der Gemeinde ausscheiden solle. (9) So war die Staatsleitung geordnet.

Drei Dinge sind es vornehmlich, in denen der volksfreundliche Character der solonischen Verfassung hervortritt. Das erste und wichtigste war, dass er die Schuldsklaverei abschaffte, das zweite, dass er jedem, der da wollte, das Recht gab, für einen anderen der geschädigt war klagbar zu werden, das dritte — und darin findet man die Hauptquelle für die spätere Allmacht der Gemeinde — dass von der Entscheidung der Behörde an das Gemeindegericht appelliert werden konnte. Wenn die Gemeinde die höchste richterliche Entscheidung hat, so hat sie auch die Verfassung in der Hand, ganz abgesehen davon, dass, da die Gesetze nicht immer klar und unzweideutig gefasst waren und darum, wie z. B. das Gesetz über Erbrecht und Erbtöchter, vielfach verschiedene Auffassung erfuhren, dem Gemeindegericht die authentische Interpretation zustand, in öffentlichen wie in privaten Rechtsfällen. Es meinen nun zwar manche, Solon habe die Fassung der Gesetze absichtlich dunkel gehalten, damit der Gemeinde die entscheidende Deutung zufiele. Doch ist es wahrscheinlicher, dass er überall die beste Fassung zu finden ausser Stande war. Nicht nach der heutigen Praxis soll man billiger Weise seine Absichten beurtheilen, sondern nach seiner eigenen politischen Wirksamkeit.

10)   In den Gesetzen selbst also sind dies, wie ich meine, die wesentlichsten volksfreundlichen Bestimmungen. Aber noch vor der eigentlichen Gesetzgebung, wie es scheint, verfügte er den Schuldenerlass und die Erhöhung des Münz-, Maass- und Gewichtsfusses. Die Längenmaasse

wurden den von dem Argiver Pheidon einge-
führten gegenüber vergrössert. Die Mine, die
nach alter Währung nur einen Werth von nicht
ganz dreiundsiebenzig Drachmen hatte, rundete
er auf hundert Drachmen ab. Das alte Nominal
aber war immer die Doppeldrachme gewesen.
Ebenso setzte er im Gewichtssystem sechzig
Minen des neuen Münzgewichts als Talent an;
die Mine zerfiel in Statere und andere Unter-
einheiten.

(11)   Nachdem Solon auf diese Weise die Verfassung geordnet hatte, wurde er von allen Seiten
seiner Gesetze wegen bestürmt: die einen kamen
mit Vorwürfen, andere mit Fragen. Da er aber
weder ändern noch die, mit denen er leben
musste, sich verfeinden wollte, so beschloss er,
theils zu Handelszwecken, theils um die Welt zu
sehen, eine zehnjährige Reise nach Aegypten und
weiter zu machen. Denn, sagte er, es sei nicht
in der Ordnung, wenn er dabliebe und ihnen
seine Gesetze auslegen müsse; es hätte eben
jeder zu thun wie geschrieben stehe. Dazu kam,
dass unter den Vornehmen viele ihm wegen des
Schuldenerlasses zürnten und beide Parteien
andres Sinnes geworden waren, weil die neue
Verfassung ihren Erwartungen nicht entsprach.
Der kleine Mann hatte gehofft, er werde das
ganze Land auftheilen, die Vornehmen, er werde
alles wieder ins alte Geleise bringen. Er aber
dachte nicht an Aenderungen und widersetzte

sich beiden. So machte der Mann, der doch, gestützt auf welche Partei er wollte, Allein-herrscher hätte werden können, sich lieber bei beiden Parteien verhasst, zufrieden damit sein Vaterland gerettet und ihm nach bestem Wissen (12) eine Verfassung gegeben zu haben. Dass die Sachen so lagen, darüber sind alle einig, und er selbst hat darüber in folgenden Versen ge-sprochen:

Ansehn hab' ich dem Volke verliehn, soviel ihm
gebührte,
Seiner Würde gemäss, mehr nicht und
weniger nicht.
Doch den Mächtigen auch und die da prunkten
im Reichthum,
Ihnen auch klugen Bedachts gab ich nicht
über Gebühr.
Beiden stand ich zur Seite mit kräftig schützen-
dem Schilde,
Nimmer, nicht hier, nicht dort, gönnt' ich
dem Unrecht den Sieg.

An einer anderen Stelle redet er von der Volks-menge, wie sie zu behandeln sei:

Nicht den Zügel zu straff, auch nicht zu locker
gehalten:
Also, mein' ich, gehorcht leichtlich dem
Führer das Volk.
Wer in der Fülle des Glücks nicht klug sich
weiss zu bescheiden,
Uebersättigung zeigt bald ihm zum Frevel
den Weg.

Und anderswo von denen, die eine Landauf-
theilung erhofften:

Manche traten beutelüstern zu mir, gieriger
Hoffnung voll,
Dachten alle, reiche Schätze würf' ich ihnen
in den Schooss,
Glaubten, meine milde Rede bärge räuberischen
Sinn —
Eitel Wind war, was sie hofften, und nun trag
ich ihren Zorn,
Ihre bitterbösen Blicke sagen 'du bist unser
Feind'.
Unrecht ist's: was ich versprochen, hab' mit
Gott ich ausgeführt,
Nicht an thöricht weite Ziele, nicht an Herr-
schaft und Gewalt
Hab' ich selbst mein Herz gehänget, und zu
gleichen Theilen nicht
Darf der Edle, der Gemeine pflügen unser
fettes Land.

Und wieder an einer anderen Stelle spricht er
von der Noth der Armen und wie sie durch den
Schuldenerlass aus ihrer früheren Knechtschaft
befreit worden seien:

Ich habe meines Volks elende Noth gestillt,
Das in der Ferne fremde Sklavenketten trug:
Dess sei dereinst mir vor dem Richterthron
der Zeit
Die beste Zeugin aller Götter grösseste,
Die Mutter Erde, du, mein dunkelschollig Land.
So manchen Zinspfahl festgefügt hab' ich
gelöst,

In Knechtschaft lagst du: nun hab' ich dich
freigemacht.
So manchen hab' ins gottgeschenkte Vaterland
Ich heimgeführt, den Willkür oder hartes Recht
In fremden Knechtdienst schickte. Mancher
unmuthsvoll
Entfloh dem Schuldherrn, irrte fern von Land
zu Land,
Der eigenen Sprache Laut vergessend, hei-
mathlos.
Auch in der Heimath, wer der Knechtschaft
Fessel trug,
In Furcht sich beugend vor dem harten Sinn
des Herrn,
Den hab' ich frei gemacht. Mir war die Macht
verlieh'n,
Und klug Gewalt mit Recht verbindend nützt'
ich sie.
Ich kam zum Ziel: was ich gewollt, das war
gethan.
Dann schrieb ich das Gesetz, für alle strenges
Recht,
Für gute, wie für böse, wie sich's jedem schickt.
Manch' andrer, hättet ihr den Stab ihm an-
vertraut,
Ein schlechtberathener, eigennütziger Mann,
fürwahr,
Er hätte nicht das Volk gezähmt. Hätt' ich
erfüllt,
Was alles meine Gegner damals kühn begehrt,
Und was die andren jenen übles zugedacht,
Manch' Opfer hätt' in langem Zwist die Stadt
beklagt.
Drum hab' von allen Seiten klug ich mich
geschirmt.
Und ging, ein Wolf in dichter Meute, meinen Weg.

2

Und an einer anderen Stelle ein Scheltwort gegen
die Missvergnügten beider Parteien:

*Das niedre Volk, wenn unverhüllt ich's sagen
soll,*
Hätt' nie mit eignem Auge, was es nun besitzt,
Auch nur im Traum erschaut . . . .
Die Grossen aber, deren Macht das Volk be-
herrscht,
Soll'n meine Freundschaft wünschen, dank-
barlichen Sinns.

Denn, sagt er, wenn irgend einem anderen dies
Ehrenamt zu Theil geworden wäre,

Er hätte nicht das Volk gezähmt und nicht
geruht,
Bis durchgerührt die Milch vom Lab ihm sauer
ward.
Doch ich, dem Grenzpfahl gleich auf strittigem
Gebiet,
Stand zwischen den Parteien.

(13)   Diese Gründe also bewogen Solon ausser
Landes zu gehen, und er verliess die Heimath.
während sich die Gemüther der Bürgerschaft
noch in tiefer Erregung befanden. Gegen vier
Jahre verbrachten die Athener darauf in leid-
licher Ruhe, bis sie im fünften Jahre nach Solons 590
Archontat in Folge des Parteienkampfes nicht
dazu kamen einen Archon einzusetzen, und ebenso
im fünften Jahre danach wiederum aus demselben 586
Grunde das Amt der obersten Behörde unbesetzt
liessen. Damasias, der hierauf noch unter den-

selben Zeitverhältnissen zum Archon gewählt worden, blieb dann zwei Jahre und zwei Monate im Regiment, bis er schliesslich mit Gewalt aus demselben entfernt werden musste. Da beschlossen sie, weil die Parteien sich nicht einigen konnten, zu Archonten zehn Männer zu wählen, fünf aus den alten Adelsgeschlechtern der Eupatriden, drei aus den Geschlechtern der Grundbesitzer (ἄγροικοι), zwei aus den Zünften der Demiurgen; diese bekleideten denn auch in dem Jahre nach Damasias das Amt. Auch aus diesen Hergängen wird ersichtlich, dass die grösste Machtbefugniss der Archon besass: lagen sie doch ewig um der Besetzung dieses Amtes willen im Hader. Ueberhaupt standen sie dauernd in ungesunden Beziehungen zu einander: die einen in Folge und auf Grund der Schuldentilgung, durch welche sie selbst verarmt waren, andere aus Unzufriedenheit mit der neuen Verfassung, die so grosse Umwälzungen im Gefolge hatte, manche endlich aus Ehrgeiz und gegenseitiger Eifersucht. Es gab aber drei Faktionen, welche ihren Namen nach den Landestheilen führten, in denen sie hauptsächlich ihren Grundbesitz hatten: die Faktion der Küstenbewohner (παράλιοι), an deren Spitze Megakles, des Alkmeon Sohn stand, welche zumeist eine vermittelnde Verfassungsform erstrebten, ferner die Grundbesitzer des platten Landes (πεδιακοί) mit oligarchischen Tendenzen unter Führung des Ly-

585/584

583

2*

kurgos, drittens die Männer aus den Bergen
(διάκριοι), deren Anführer Peisistratos war, welcher
für ganz demokratisch gesinnt galt. Diesen letzteren hatten sich theils diejenigen zugesellt. denen
zwar die Schulden gestrichen worden, die aber
trotzdem nicht wussten wovon sie leben sollten,
theils wohl auch diejenigen, deren bürgerliche Abkunft nicht ganz zweifellos war, aus nicht unbe-
gründeter Furcht: denn später, nach der Beseitigung der Tyrannen, fand eine Prüfung des
Bürgerrechts (διαψηφισμός) statt, weil viele sich un-
befugter Weise die Ausübung politischer Rechte
angemasst hatten.

(14)   Peisistratos also galt für einen warmen Freund
des gemeinen Mannes, und hatte sich im Kriege
gegen Megara einen grossen Namen gemacht. Im
Vertrauen darauf brachte er sich eines Tages
eine Menge Wunden bei und trat so vor die
Gemeinde, die er dazu beredete, ihm eine Leib-
wache zu gewähren, weil er von den Anhängern
der Gegenparteien so zugerichtet worden sei:
den bezüglichen Antrag stellte Aristion. So erhielt er die sogenannte Knittelgarde (κορυνηφόροι),
mit deren Hilfe er gegen die Gemeinde aufstand
und die Akropolis besetzte, im zweiunddreissig-
sten Jahre nach Solons Gesetzgebung, als Komeas
Archon war. Man erzählt dass Solon, als Peisistratos um die Wache einkam, dem wider-
sprochen und gesagt habe: er sei doch scharfblickender als die Einen und muthiger als die

Anderen; scharfblickender als alle diejenigen,
welche nicht merkten, dass Peisistratos nach der
Tyrannis strebe, muthiger aber als diejenigen,
welche dieses wüssten und dennoch dazu schwie-
gen. Und als seine Worte wirkungslos blieben,
so liess er seine Waffenrüstung aus dem Hause
heraus vor die Thüre tragen und erklärte: er
selbst habe dem Rufe des Vaterlandes Folge geleistet, soweit seine Kräfte reichten — er war jetzt
hochbetagt — fordere aber dass jetzt auch die
andern das Gleiche thäten. Solons Mahnungen
blieben damals erfolglos: Peisistratos aber verwaltete den Staat, nachdem er die Herrschaft
erlangt, mehr in verfassungsmässigen Formen
als mit despotischer Willkür. Ehe jedoch sein
Regiment feste Wurzel geschlagen, vertrieben
ihn die vereinigten Faktionen des Megakles und
Lykurgos, im sechsten Jahre nach seinem ersten 558
Emporkommen, als Hegesias Archon war. Im
zwölften Jahre aber ward Megakles durch den 553
Parteihader so in die Enge getrieben, dass er
wieder mit Peisistratos unter der Bedingung, dass
dieser seine Tochter zum Weibe nehme, einen
förmlichen Vertrag schloss und ihn auf eine der
Einfalt dieser alten Zeiten entsprechende Weise
nach Athen zurückführte, nachdem er vor sich
her das Gerücht hatte aussprengen lassen, Athene
selbst wolle den Peisistratos zurückführen. Er
hatte nämlich ein hochgewachsenes und schönes
Frauenzimmer ausfindig gemacht, wie Herodot

berichtet, aus der Gemeinde der Paianier — nach anderen Angaben war es ein Blumenmädchen thrakischer Abkunft Namens Phye, aus dem Kolyttos. Dieses putzte er genau so wie die Göttin in ihrem Waffenschmuck heraus, und führte sie in Gemeinschaft mit Peisistratos, der den Wagen lenkte auf dem das Frauenzimmer an seiner Seite stand, nach Athen hinein: die |Bevölkerung der Stadt aber fiel in Anbetung vor ihnen nieder und nahm sie mit staunender Bewunderung auf.

(15) So ging die erste Rückkehr des Peisistratos von Statten: als er aber gegen Ende des siebenten 546 Jahres nach seiner Rückkehr zum zweiten Male vertrieben ward — denn er behauptete sich nicht lange, sondern ging, da er mit der Tochter des Megakles keine eheliche Gemeinschaft pflegen mochte, aus Furcht vor den beiden anderen Faktionen heimlich von dannen — siedelte er sich zunächst auf einem Platz am Meerbusen von Thermai an, der Rhaikelos hiess; von dort wandte er sich in die Landschaft am Gebirge Pangaion und, nachdem er sich von hier Geld verschafft und Krieger in Sold genommen, begab er sich schliesslich nach Eretria und versuchte von da aus, jetzt zum ersten Male mit offener Gewalt, die Herrschaft wiederzuerlangen, im elften Jahre nach 536? seiner Vertreibung. Hierzu gewährten ihm noch viele andere bereitwillig ihren Beistand, namentlich Männer aus Theben, sowie Lygdamis von

Naxos und die Ritterschaft welche in Eretria das Regiment inne hatte. Durch den Sieg in der Schlacht von Pallene gewann er die Herrschaft, und nachdem er dem gemeinen Mann die Waffen aus den Händen gewunden, war er nunmehr im sicheren Besitze der Tyrannis, und setzte darauf auf einem Zuge nach Naxos auch dort seinen Freund Lygdamis als Herrscher ein. Dem gemeinen Mann aber entwand er die Waffen durch folgende List: er hielt eine Waffenschau im Tempelbezirk der Dioskuren ('Ανάκειον) ab und versuchte dabei eine .Rede zum versammelten Volke zu halten, sprach aber absichtlich leise; als man rief, man könne ihn nicht verstehen, gebot er ihnen zum Vorhofe der Akropolis, wo er besser gehört werden könne, hinaufzusteigen. Während er nun dort seine Ansprache an das Volk hielt, hoben die damit Beauftragten die von den Männern niedergelegten Waffen auf, brachten sie allesammt in die nahe gelegenen Nebenräume des Theseusheiligthums unter Verschluss, und begaben sich darauf zu Peisistratos, dem sie durch ein heimliches Zeichen davon Kunde gaben. Als dieser dann seine Rede zu Ende gebracht, theilte er mit, was mit den Waffen geschehen sei mit dem Hinzufügen: sie sollten darob nicht verwundert oder niedergeschlagen sein, sondern gehen und sich mit ihren eigenen Geschäften befassen: für alle Staatsgeschäfte werde er schon selber Sorge tragen.

(16)   Die Tyrannis des Peisistratos also, ursprüng-
lich auf diese Weise entstanden, hat so viele
Wandlungen durchgemacht: er verwaltete aber,
wie schon gesagt, das Gemeinwesen auf mass-
volle Weise und eher in verfassungsmässigen
Formen als nach Despotenwillkür. Er war sowohl
in seinen persönlichen Beziehungen menschen-
freundlich und milde, sowie zur Nachsicht gegen
diejenigen welche sich vergingen geneigt, und
schoss sogar Unbemittelten Geld für ihren land-
wirthschaftlichen Betrieb aus eigener Tasche vor,
so dass sie ihre Felder ohne Störung bearbeiten
konnten. Auch hierzu bewogen ihn politische
Gründe: einmal sollten sie sich nicht in der Stadt
aufhalten, sondern in Vereinzelung auf dem Lande
sitzen: sodann sollten sie bei auskömmlichen
Mitteln, den Sinn auf ihr eigenes Gewerbe gerichtet, weder Lust noch Zeit finden, sich mit
den Staatsangelegenheiten abzugeben. Zugleich
ergab sich daraus für ihn der Vortheil, dass in
Folge der vollständigen Bebauung des Landes
seine Einkünfte stiegen: denn er zog von dem
Ertrage den Zehnten ein. Darum setzte er auch
die Dorfrichter ein und begab sich häufig selbst
hinaus in die Landschaft, um zum Rechten zu
sehen und die Streitenden miteinander zu ver-
tragen, damit sie nicht in die Stadt hinabkämen
und ihre Felder vernachlässigten. Bei einer
solchen Ausfahrt des Peisistratos soll sich auch
die Geschichte mit dem Bauer zugetragen haben,

der am Hymettos das später so genannte 'Frei-
gut' bebaute. Da er nämlich einen Menschen
sah, der mit einem hölzernen Pflock Steine ausgrub und den Boden bearbeitete, wunderte er
sich über dies Werkzeug und hiess ihn fragen,
was auf dem Platze gedeihe. Der Bauer, der
ihn nicht kannte, erwiederte: 'alle möglichen
Plagen und Mühsalen, und von diesen Plagen
und Mühsalen muss Peisistratos den Zehnten
bekommen'; Peisistratos aber befreite ihn aus
Wohlgefallen an seinem Freimuth und seiner
Betriebsamkeit von allen Abgaben. Auch in
anderer Beziehung hielt er während seines Regiments von dem gemeinen Mann jeden Druck fern:
er schaffte stetigen Frieden nach Aussen und be-
hütete ihn durch eine ruheliebende Politik: oft
hörte man daher sagen: das Tyrannenregiment des
Peisistratos sei in Wirklichkeit das Leben unter
dem guten Kronos gewesen: denn später war
das Regiment in Folge der Gewaltthätigkeit
seiner Söhne viel drückender. Am meisten aber
wusste man doch an ihm zu loben, dass er in
seinem Wesen volksfreundlich und human war.
Wie er in jeder anderen Beziehung die Verwaltung den Gesetzen gemäss führte und sich
selbst keine Bevorzugung gestattete, so erschien
er auch, als er einmal wegen einer Blutthat vor
den Areopag geladen worden war, vor demselben um sich in Person zu verantworten,
während derjenige der ihn geladen aus Furcht

ausblieb. So blieb er denn lange Zeit im Besitze der Herrschaft, und so oft er vertrieben
worden, gewann er sie mit leichter Mühe wieder
zurück, da ihm sowohl vom Adel wie von dem
niedrigen Volke die Meisten gewogen waren:
gewann er doch die einen im persönlichen
Umgang, die anderen dadurch, dass er ihnen
in ihren eigenen Nöthen beisprang, und kam mit
beiden vortrefflich aus. Auch waren die Gesetze
der Athener bezüglich der Tyrannen in jener
Zeit überhaupt milde, namentlich aber dasjenige
Gesetz, welches ganz speziell gegen das Streben
nach der Tyrannis gerichtet war und also lautete: Folgendes ist die von den Vätern überkommene Satzung der Athener, dass, wenn
Jemand aufständig wird um Tyrann zu werden,
oder Jemand in der Absicht, die Tyrannis herbeizuführen, die Tyrannis aufrichten hilft, der bürgerlichen Ehrenrechte er selbst wie sein Geschlecht
verlustig gehen soll.

(17)   So brachte es Peisistratos in der Herrschaft
zu hohem Greisenalter und starb an einer Krankheit, als Philoneos Archon war: seitdem er sich 527
das erste Mal zum Tyrannen aufgeschwungen,
hat er noch dreiunddreissig Jahre gelebt und
davon neunzehn Jahre im Besitz der Herrschaft, ·
die übrigen als Flüchtling in der Fremde zugebracht. Es ist desshalb offenbares Geschwätz,
wenn einige zu erzählen wissen, dass Peisistratos
der Geliebte des Solon gewesen, sowie dass er

Feldherr gewesen sei in dem Kriege, der gegen
Megara um den Besitz von Salamis geführt
wurde: das ist schon durch das beiderseitige
Lebensalter ausgeschlossen, wenn man Beider
Lebensgang und unter welchem Archon jeder
gestorben ist, nachrechnet. Nach Peisistratos
Tode waren seine Söhne im Besitze des Regiments und führten die Dinge in derselben Weise
weiter fort. Es waren aber ihrer zwei von seinem
attischen Eheweibe, Hippias und Hipparchos, zwei
von seiner Frau aus Argos, Iophon und Hege-
sistratos mit dem Beinamen Thessalos. Peisistratos hatte nämlich aus Argos die Tochter des
Argivers Gorgilos geehelicht, Timonassa mit
Namen, welche in erster Ehe Archinos von Am-
prakia aus dem Hause der Kypseliden zum Weibe
gehabt hatte. Daraus hatte sich auch seine
Freundschaft mit den Argivern entsponnen, von
denen tausend im Gefolge des Peisistratos in
der Schlacht von Pallene mitkämpften. Diese
Argiverin hatte er nach einigen Berichten ge-
heirathet, als er das erste Mal vertrieben worden
war, nach anderen als er sich im Besitz der
Herrschaft befand.

(18) Von diesen Söhnen nun waren Hippias und
Hipparchos nach dem Recht ihrer Geburt sowie
wegen ihres Alters die Machthaber: Hippias als
der ältere, staatsmännisch beanlagt und be-
sonnen, stand an der Spitze des Regiments;
Hipparchos war zu fröhlichem Lebensgenuss auf-

gelegt, verliebter Natur und ein Freund der Poesie: er ist es auch gewesen, der den Anakreon, den Simonides und die anderen Dichter nach Athen berief; der viel jüngere Thessalos dagegen neigte in seiner Lebensführung zu Uebermuth und Gewaltthat: er gab auch die Veranlassung zu den Ereignissen, welche für sein Haus die Quelle alles Unheils geworden.

Er verliebte sich nämlich in den Harmodios und vermochte, abgewiesen mit seiner Werbung um dessen Freundschaft, sein leidenschaftliches Temperament so wenig zu zügeln, dass er bei jeder Gelegenheit seine Erbitterung durchblicken liess und schliesslich die Schwester des Harmodios, die als Korbträgerin (κανηφόρος) am Festzuge der Panathenaien theilnehmen sollte, hiervon zurückwies und dabei zugleich über ihren Bruder als einen unsittlichen Weichling beleidigende Reden fallen liess. So kam es, dass Harmodios und dessen Liebhaber Aristogeiton voller Zorn ihren Anschlag in Gemeinschaft mit vielen anderen Bürgern in's Werk zu setzen begannen. Bereits harrten sie am Panathenaienfeste auf der Burg auf Hippias, der den Festzug einholen sollte, während Hipparchos den Aufbruch desselben leitete, da sahen sie einen der Theilnehmer an der Verschwörung freundlich mit Hippias reden: in der Meinung derselbe verrathe die Sache, eilten sie, um doch wenigstens ehe sie ergriffen würden Etwas vollbracht zu haben, in die Stadt

hinab und tödteten, indem sie vorzeitig losbrachen,
den Hipparchos, welcher den Festzug ordnete,
der sich längs des Heiligthums der Töchter des
Leos (Λεωκόρειον) entwickelte. Auf diese Weise
machten sie den ganzen Anschlag zu Schanden:
Harmodios fand auf der Stelle unter den Händen
der Leibwächter den Tod, Aristogeiton erst
später, nachdem er ergriffen und lange gefoltert
worden. In diesen seinen Nöthen bezeichnete
er als Mitschuldige viele, welche von vornehmer Abstammung und mit den Tyrannen
befreundet waren. Denn im ersten Augenblick
vermochte man keine Spur von Genossen des
Anschlags zu entdecken, da die Angabe [des
Thukydides], Hippias habe die Theilnehmer des
Festzuges von ihren Waffen wegtreten lassen,
und so diejenigen ertappt, welche Dolche bei
sich führten, nicht wahr ist: damals zog man
nicht mit Waffen auf, da diesen Brauch erst später
die Demokratie eingeführt hat. Die Freunde der
Tyrannen nannte Aristogeiton wie die demokratisch gefärbten Berichte sagen, absichtlich, um
jene auf diese Weise zu ebenso frevelhaftem wie
unedlem Thun zu verleiten, wenn sie unschuldige
und mit ihnen befreundete Menschen umbrächten.
Einige freilich erzählen, er habe nichts erdichtet,
sondern in der That seine Mitwisser angegeben.
Schliesslich, als er mit allem Bemühen es doch
nicht erreichte getödtet zu werden, versprach
er noch viele andere angeben zu wollen, und

bewog den Hippias ihm zum Pfande der ver-
langten Straflosigkeit die Rechte zu reichen. Als
er sie gefasst, höhnte er Hippias darob, dass er
dem Mörder seines Bruders die Hand gegeben,
und brachte ihn dadurch so in Zorn, dass er vor
Wuth sich nicht zu zügeln vermochte, sondern
sein Schwert herausriss und ihn niederstiess.

(19)   Hierauf wurde das Tyrannenregiment um
vieles härter, da die Rache welche Hippias für
seinen Bruder nahm, indem er Viele tödtete oder
aus dem Lande trieb, alle Athener mit Misstrauen
gegen ihn erfüllte. So begann er denn fast vier
Jahre nach Hipparchos' Tode Munichia zu befes-
tigen, um dorthin seinen Sitz zu verlegen, weil er
sich in der Stadt unsicher fühlte. Aber während
er noch hiermit beschäftigt war, ward er vertrieben, und zwar von Kleomenes dem Könige von
Lakedaimon, weil die Lakedaimonier unablässig
Orakelsprüche erhielten, welche ihnen geboten
die Tyrannis zu beseitigen. Das hing folgendermassen zusammen. Die Emigranten, an deren
Spitze die Alkmeoniden standen, vermochten es
nicht ihre Rückkehr aus eigenen Kräften zu
bewerkstelligen, sondern scheiterten dabei jedesmal. Alle ihre Unternehmungen schlugen fehl,
und als sie in der Landschaft die auf der Höhe
des Parnes gelegene Veste Leipsydrion angelegt
hatten und dorthin auch eine Anzahl von Gesin-
nungsgenossen aus der Stadt zu ihnen gestossen
waren, wurden sie von den Tyrannen belagert

und von dort vertrieben. Zur Erinnerung an diese Niederlage sang man noch später in den Rundgesängen bei Tische:

Weh! Leipsydrion, du verriethst die Freunde!
Was für Mannen hast du das Grab bereitet,
Die im Kampfe den Adel gewahrt,
Und ihrer Ahnen Ruhm mit ihrem Blut
bezeugt!

Als ihnen nun so Alles missglückte, übernahmen sie es schliesslich, als mindestfordernde den Tempel in Delphi zu erbauen; dadurch gewannen sie die Mittel um sich des Beistandes der Lakonen zu versichern, und die Pythia schärfte, so oft Lakedaimonier das Heiligthum um einen Spruch angingen, ihnen stets zuvörderst ein, Athen zu befreien. Endlich liessen sich die Spartiaten dazu bewegen, obgleich das Haus der Peisistratiden mit ihnen im Gastrecht stand, zumal zu ihrem Entschluss noch der Umstand in ebenso hohem Grade beitrug, dass die Peisistratiden auch mit den Argivern, ihren Todfeinden, befreundet waren. Zunächst entsandten sie zu Schiff den Anchimolos mit Heeresmacht: als dieser geschlagen worden und selber im Kampfe gegen den Thessaler Kineas, der mit tausend Reisigen den Peisistratiden zu Hilfe geeilt war, den Tod gefunden hatte, schickten sie im Zorn darüber den König Kleomenes selbst mit einem grösseren Aufgebot zu Lande aus. Dieser besiegte die thessalischen Reiter, welche ihm den Eintritt in Attika hatten wehren wollen

und schloss darauf den Hippias in der sogenannten Pelasgerfeste ein, wo er ihn in Gemeinschaft
mit den Athenern belagerte. Als er so vor der
Feste lag, glückte es ihm die Kinder der Peisistratiden, welche heimlich zu entweichen ver-
suchten, gefangen zu nehmen: sie zu retten
schlossen die Belagerten einen Vertrag, schafften
binnen fünf Tagen ihre Habe hinaus und über-
gaben die Akropolis den Athenern, im Jahre 510
da Harpaktides Archon war. Siebenzehn Jahre
hatten sie die Tyrannis nach dem Tode ihres
Vaters behauptet, zusammen mit der Zeit, die der
Vater geherrscht, neun und vierzig Jahre.

(20)   Nach der Beseitigung der Tyrannis bekämpf-
ten sich Isagoras des Teisandros Sohn, der mit
den Tyrannen befreundet gewesen, und Kleisthenes aus dem Hause der Alkmeoniden. Da
Kleisthenes gegenüber den geschlossenen Ver-
bindungen seiner Gegner den Kürzern zog, so
brachte er den gemeinen Mann dadurch auf seine
Seite, dass er die politische Gewalt in die Hände
der grossen Menge zu legen versprach. Als
Isagoras sich so an Macht unterlegen fühlte, rief
er seinerseits den Kleomenes, der ihm persönlich
durch Gastrecht verbunden war, wieder herbei
und beredete ihn, da an den Alkmeoniden der
Fluch der kylonischen Blutthat hafte, diese Blut-
schuld zu bannen. Kleisthenes entwich darauf mit
wenigen Begleitern, Kleomenes aber wies nicht
weniger denn siebenhundert Familienhäupter der

Athener mit den ihrigen als fluchbeladen aus dem
Lande. Nach diesem Erfolge versuchte er den
Rath aufzulösen und Isagoras nebst dreihundert
seiner Freunde zu Herren des Staates einzusetzen. Der Rath leistete aber Widerstand, und
da sich auch die grosse Masse des Volkes um
ihn schaarte, mussten Kleomenes und Isagoras
mit ihren Anhängern auf die Akropolis flüchten.
Nachdem das Volk zwei Tage lang in regel-
rechter Belagerung vor der Burg gelegen, gewährte es am dritten Tage dem Kleomenes mit
allen seinen Genossen vertragsmässigen freien
Abzug und rief zugleich den Kleisthenes nebst
den übrigen Verbannten zurück. An die Spitze
des Volkes, welches so die Oberhand gewonnen,
trat nunmehr Kleisthenes als Führer und Obmann der Gemeinde. Hatten doch die Alkmeoniden
so ziemlich das grösste Verdienst um die Ver-
jagung der Tyrannen und waren am meisten im
Kampfe der Faktionen hervorgetreten. Freilich
hatte noch vor den Alkmeoniden ein gewisser
Kedon einen Anschlag gegen die Tyrannen ins
Werk gesetzt: daher sang man in alter Zeit
auch auf ihn in den Rundgesängen einen Vers:

Füll' auch, Geselle, den Becher für Kedon:
seiner vergiss nicht,
Wenn zu kredenzen es gilt wackeren Män-
nern den Trunk.

21)   Aus diesen Gründen also hatte der gemeine
Mann volles Vertrauen zu Kleisthenes. Als dieser

3

nunmehr im vierten Jahre nach der Vertreibung
der Tyrannen, dem Jahre in welchem Isagoras
Archon war, die Führung der Menge übernommen
hatte, theilte er zunächst die ganze Bevölkerung
in zehn Kreise (φυλαί), an Stelle der bisherigen
vier Stämme, um sie so unter einander zu ver-
mischen und auf diese Weise eine grössere Anzahl an der Ausübung der politischen Rechte sich
betheiligen zu lassen; hierauf geht auch die
Redensart zurück, mit welcher man denen wehrte,
die Lust bezeigten eine Ahnenprobe anzustellen:
'lasst doch die Stämme in Ruhe (μὴ φυλοκρινεῖν)'.
Ferner bestellte er den Rath aus fünfhundert
statt vierhundert Mitgliedern, und zwar fünfzig
aus jedem der neuen Kreise, während bis dahin
hundert auf jeden Stamm kamen. Zwölf Kreise
richtete er aber darum nicht ein, damit diese
Neueintheilung nicht mit den schon vorhandenen
Drittelschaften (τριττύες), deren zwölf aus den
vier Stämmen gebildet waren, zusammenfiele und
auf diese Weise die Absicht, die Bevölkerung
durch einander zu mischen, nicht erreicht würde.
Den Grund und Boden theilte er mit Zugrunde-
legung der Gemeindefluren in dreissig Bezirke,
zehn rings um die Stadt, zehn im Strandgebiet,
zehn in der Binnenlandschaft: diesen Bezirken
legte er die Benennung Drittelschaften (τριττύες,
tribus) bei und verlooste sie zu je drei unter die
zehn Kreise, so dass jeder Kreis Stücke von allen
Landestheilen in sich schloss. Die Ortseinwohner

jeder Sammtgemeinde fasste er als Verband der
Gemeindegenossen (δημόται) zusammen, um so
zu bewirken, dass bei amtlichen Bekannt-
machungen die Einzelnen durch den Zusatz ihrer
Gemeindezugehörigkeit von einander unter-
schieden würden, und zu verhüten, dass man durch
die blosse Hinzufügung des Vatersnamens wie bisher die Neubürger als solche kennzeichne: so
ist es gekommen, dass die Athener auch im
Privatleben sich selbst nach ihrer Gemeindezugehörigkeit nennen und schreiben. Ferner bestellte er Gemeindevorsteher (δήμαρχοι) mit denselben Amtsbefugnissen wie die früheren Capitäne (ναύκραροι), da er die Sammtgemeinden an
die Stelle der Capitänschaften (ναυκραρίαι) treten
liess. Die Sammtgemeinden (δῆμοι) benannte er
theils nach dem Namen des Ortes wo sie lagen,
theils, da nicht mehr alle Gemeinden sich mit
Ortsbezeichnungen deckten, nach den Namen der
Ansiedler. Die Geschlechter (γένη) und ihre Ver-
bände (φράτριαι) und Priesterthümer beliess er
übrigens jedem, wie er dieselben von den Vätern
her überkommen, den Kreisen aber verlieh er
als heroische Stammväter (ἐπώνυμοι) [gleichsam
Schutzpatrone] diejenigen zehn, welche die Pythia aus hundert vorgeschlagenen Namen von
Ahnherren des attischen Volkes bezeichnet hatte.

22. In Folge dieser Einrichtungen ward die Verfassung viel demokratischer als es die solonische
gewesen: hatte doch schon die Tyrannenherr-

3*

schaft einen Theil der solonischen Gesetze durch
ihre Nichtanwendung in Vergessenheit gerathen
lassen, andere Kleisthenes mit Rücksichtnahme
auf die grosse Menge neu hinzugefügt: zu diesen
letzteren gehört zum Beispiel auch das Gesetz
über den Ostrakismos. Zunächst nun ward im
fünften Jahre nach dieser Verfassungsänderung,
als Hermokreon Archon war, der Eid für den 501?
Rath der Fünfhundert so formuliert, wie ihn die
Rathsherren noch jetzt schwören. Hierauf begannen
sie die Feldobersten (στρατηγοί) nach Kreisen
zu wählen, aus jedem Kreise einen: Führer des
ganzen Heerbanns aber war der Polemarch.
Nachdem sie im zwölften Jahre darauf, als Phai- 490
nippos Archon war, bei Marathon gesiegt, liessen
sie noch zwei Jahre nach dem Siege verstreichen,
dann erst machte das Volk, von Selbstgefühl gehoben,
zum ersten Male Anwendung von dem 488
Gesetz über den Ostrakismos, welches das Misstrauen
gegen die einflussreichen Bürger diktiert
hatte: war doch Peisistratos durch seine Thätigkeit
als Führer im Frieden und im Felde zur
Tyrannis gelangt. Der Erste den es traf, war
einer aus Peisistratos' Verwandtschaft, Hipparchos
des Charmos Sohn aus dem Kolyttos, um
dessenwillen Kleisthenes in erster Linie, um ihn
ausweisen zu können, das Gesetz gegeben hatte.
Denn die Athener hatten der Milde die ein Charakterzug
ihres Volkes ist entsprechend, den
Freunden der Peisistratiden, sofern sie sich · in

den bürgerlichen Wirren nichts zu Schulden
kommen liessen, ruhig im Lande zu wohnen
gestattet, und Hipparchos war eben der Führer
und Obmann dieser Partei.

Gleich das Jahr darauf, als Telesinos Archon 487
war, besetzten sie zum ersten Male seit den
Zeiten der Tyrannis die Stellen der neun Archonten, je einen aus jedem Kreise, durch das
Bohnenloos und zwar aus der Zahl von fünfhundert welche die Gemeinden dazu präsentierten: die früheren Archonten nämlich waren
alle gewählt. Zugleich ward durch das Scherbengericht Megakles des Hippokrates Sohn von
Alopeke verbannt. Drei Jahre hintereinander
verbannten sie so der Absicht des Gesetzes entsprechend die Freunde der Tyrannen: erst im
vierten fingen sie an auch von den übrigen Bür- 485
gern diejenigen zu entfernen, welche ihnen über
den Kopf gewachsen schienen. Der erste, der
von solchen welche der Tyrannis fern gestanden dem Ostrakismos zum Opfer fiel, war Xanthippos des Ariphron Sohn. Im dritten Jahre 483
danach, als Nikodemos Archon war, wurden die
Silberminen von Maroneia [beim Laureion] ent-
deckt, und hatte der Staat aus den Werken einen
Reingewinn von hundert Talenten. Als einige
beantragten diesen Betrag unter die Gemeinden
zu vertheilen, wusste Themistokles, ohne zu ver-
rathen wozu er dieses Geld verwenden wolle,
das zu hintertreiben. Er beantragte den hundert

reichsten Athenern, jedem je ein Talent auf Borg
anzuvertrauen: gefalle dann die Verwendung
dieses Geldes, so solle die Ausgabe auf Rechnung der Gemeinde gesetzt werden, wo nicht,
so könne dieselbe den Betrag wieder von den
Schuldnern beitreiben. Da er unter dieser Bedingung die Verfügung über die Summe erhielt,
liess er hundert Dreiruderer bauen, je einen von
jedem der hundert genannten Bürger: das war
der Grundstock der Flotte die bei Salamis focht.
In diesen Zeitläuften traf den Aristeides des
Lysimachos Sohn das Scherbengericht: als dann
im vierten Jahre darauf unter dem Archon Hy- 481
psichides Xerxes' Heereszug drohte, nahmen die
Athener alle durch den Ostrakismos verbannten
wieder auf und bestimmten für die Zukunft, dass
die vom Scherbengericht betroffenen bei Ver-
meidung des unbedingten Verlustes der bürgerlichen Rechte sich nur in der Gegend zwischen
dem skyllaeischen Vorgebirge von Argolis und
Geraistos auf Euboia aufhalten dürften.

(23)   Bis zu diesem Punkte also war damals Athen
auf der Bahn des stetigen und allmäligen Wachs-
thums der Demokratie vorgeschritten: nach dem
Einfall der Meder aber kam der Rath des Areopag wieder zu Macht und Ansehen und lenkte
den Staat, ohne dass ihm die leitende Stellung
durch einen förmlichen Beschluss übertragen
worden war, lediglich darum, weil er es gewesen
der die Schlacht von Salamis herbeigeführt hatte.

Denn als die Strategen nicht aus noch ein wussten
und ausrufen liessen, jeder möge sich selbst zu
retten suchen, brachte der Areopag die Mittel auf
um jedem Bürger acht Drachmen einzuhändigen,
und hiess sie die Schiffe besteigen. Aus diesem
Grunde trat man vor den Ansprüchen seiner
geschichtlichen Stellung zurück, und die Politik
des athenischen Staates ward in dieser Epoche
vortrefflich geleitet. Es traf zusammen dass
die Athener in dieser Zeit sowohl im Felde ihr
militärisches Leistungsvermögen erprobten und
dadurch Ruhm und Ansehen bei den Hellenen
erwarben, wie auch die Führung zur See wider
den Willen der Lakedaimonier an sich zogen.
Führer der Gemeinde aber waren in dieser Zeit
Aristeides der Sohn des Lysimachos und Themistokles der Sohn des Neokles, von denen der
eine für einen trefflichen Kriegsmann galt, der
andere für einen trefflichen Staatsmann, der an
Rechtsgefühl alle seine Zeitgenossen überragte·
Daher machte der Staat von den Diensten des
einen im Felde, von denen des anderen im Rathe
Gebrauch. Den Bau der Mauern und die Be-
festigung der Stadt führten beide gemeinsam
aus, obwohl sie verschiedene politische Rich-
tungen vertraten: den Abfall der Jonier aber
von dem lakedaimonischen Bunde bewirkte Aristeides, indem er den Zeitpunkt wahrnahm, in
welchem sich das Misstrauen, welches des Pausanias Hoffahrt gegen die Lakonen hervorrief,

Luft machte. Er war es denn auch, der die ersten
Matrikularbeiträge den Städten der Bundesgenossen auferlegte, im dritten Jahre nach der 478
Seeschlacht von Salamis, als Timosthenes Archon
war, und der in die Hände der Jonier den Eid-
schwur leistete, im Bunde gegen jeden Feind
und für jeden Freund zusammenstehen zu wollen,
zu dessen Bekräftigung für ewige Zeit jene nach
altem Brauch Erzklumpen auf hoher See ver-
senkten.

(24) Als hierauf das Selbstgefühl des Staates
wuchs und baares Geld sich in Menge anhäufte,
rieth Aristeides nach der Leitung des Bundes
zu greifen und zu dem Zweck den Wohnsitz
der Bürgerschaft und damit ihren Schwerpunkt
aus der Landschaft weg in die Stadt zu verlegen: Alle würden so ihr Auskommen finden,
die einen im Felddienst, andere im Besatzungs-
dienst, wieder andere in der Betheiligung an
dem politischen Leben des Bundes, und sie dann
auf diese Weise die Führung in die Hände bekommen. Nachdem die Athener diesem Rathe
Folge geleistet und das Regiment an sich genommen hatten, gingen sie herrischer gegen die
Bundesgenossen vor, mit Ausnahme der Chier,
Lesbier und Samier. Denn diese dienten ihnen
als Hüter ihres Reiches und wurden im Genuss
ihrer Verfassungen sowie im Besitze ihrer unter-
thänigen Gebiete belassen. Der grossen Menge
aber verschafften sie dadurch, wie es Aristeides

vorgetragen hatte, ein reichliches Auskommen: denn es kam in der That so, dass aus den Matrikularbeiträgen, den Gefällen und den sonstigen Leistungen der Bundesgenossen über zwanzigtausend athenische Männer ihren Unterhalt fanden. Da waren die sechstausend Mitglieder des Volksgerichts, die sechzehnhundert Bogenschützen nebst zwölfhundert Rittern; dann der Rath der Fünfhundert und die fünfhundert Mann Besatzung auf der Werft nebst den fünfzig Wächtern auf der Burg: ferner gegen siebenhundert Männer in inländischen Beamtenstellen, und ebensoviele im Felde und ausserhalb der Landesgrenzen. Dazu, da sie erst später in die grossen kriegerischen Verwicklungen eintraten, ein Normalstand von zweitausendfünfhundert Schwerbewaffneten, sowie an Schiffen zwanzig Wachtkreuzer und zehn andere Schiffe, welche die Besatzungsmannschaften hinaus und wieder nach Hause brachten, mit ihrer ausgeloosten Bemannung von [viertausend, beziehentlich] zweitausend Köpfen: endlich das Prytaneion mit seinen Pensionären, die vom Staate erzogenen Waisen, sowie die Gefangenwärter; aller dieser Menschen Haushalt war auf (25) das Gemeinwesen angewiesen, und aus diesem zog das Volk, welches in die Stadt gezogen war, seinen Unterhalt.

Siebenzehn Jahre ungefähr blieb die Verfassung auch nach den Perserkriegen noch unter dem Schutze des Areopag bestehen, obwohl ihre Grundlagen sich bei kleinem schon lockerten. Die Gemeinde nahm an Zahl wie an Bedeutung zu, und im Vertrauen auf sie unternahm Ephialtes des Sophonides Sohn, der für einen unbestechlichen und verfassungstreuen Mann galt und dadurch Obmann der Gemeinde geworden war, einen Angriff auf den Areopag. Zunächst beseitigte er eine grössere Anzahl von Areopagiten, indem er sie wegen ihrer Verwaltung zur Verantwortung zog. Alsdann veranlasste er im Jahre da Konon Archon war, dass dem 462 Areopag alle Gerechtsame, auf die sich seine Aufsicht über die Verfassung stützte, genommen und theils an den Rath der Fünfhundert, theils an die Gemeinde und die Gemeindegerichte übertragen wurden. Betheiligt an diesem Treiben war auch Themistokles, der, obwohl selbst Mitglied des Areopag, dennoch die Beseitigung des Rathes wünschte, da ihm eine Anklage wegen Einverständnisses mit dem persischen Landesfeinde drohte. Dem Ephialtes nun redete Themistokles ein, die Areopagiten wollten ihn gefangen setzen, den Areopagiten sagte er, er könne ihnen Leute zeigen die sich gegen die Verfassung verschwören wollten. Der Rath wählte darauf einige Vertrauensmänner, und diese führte Themistokles an den Platz wo sich Ephialtes gerade aufhielt, um ihnen, wie er sagte, die versammelten Verschwörer zu zeigen. Als nun Ephialtes den Themistokles in eifriger Unterhaltung

mit den Areopagiten kommen sah, erschrak er
und flüchtete, nur mit einem Untergewande bekleidet, auf den Hausaltar. Die Erregung über
diesen Vorgang war allgemein, und als der Rath
der Fünfhundert hierauf zu einer Sitzung zu-
sammentrat, da erhoben Ephialtes und Themistokles sowohl in der Rathssitzung wie später in
der Volksversammlung Anklage gegen den Areopag. und ruhten nicht, bis sie ihm die Macht
verkürzt hatten. Aber auch Ephialtes wurde
nicht lange darauf durch Meuchelmord von der
Hand des Aristodikos aus Tanagra aus dem
Wege geräumt. So ging der Areopag seiner
Aufsichtsrechte verlustig.

(26)   Dann folgte eine Zeit in der sich die Staats-
ordnung unter dem Vordrängen eifriger Demagogen mehr und mehr lockerte. Es traf sich
nämlich unglücklich genug, dass in diesen be-
wegten Zeiten die Gemässigten ohne rechten
Führer waren. Kimon, des Miltiades Sohn, hatte
zwar die Parteileitung, aber er war noch zu
jung und erst kürzlich in das politische Leben
eingetreten. Zudem waren viele im Kriege gefallen. Damals nämlich zog im Kriegsfalle das
Bürgeraufgebot ins Feld, und da die Feldherren
kriegsunerfahren waren und nur Ehren halber
auf Grund ihres Familienansehns ins Amt berufen
wurden, geschah es allemal dass zwei- oder
auch dreitausend von denen, die ins Feld rückten,
nicht wieder heimkehrten. So schmolzen denn

die tüchtigeren Elemente aus der grossen Menge
sowohl wie aus der besitzenden Klasse sehr zusammen. So wenig streng man es nun auch
im übrigen mit den Gesetzen nahm, an der Ar-
chontenwahl hatte man bisher noch nicht gerüt-
telt. Erst im sechsten Jahre nach Ephialtes' Tode
beschloss die Gemeinde, dass für das Archonten-
amt auch Leute der dritten Vermögensklasse,
der Kleinbauern, sollten präsentiert werden
können. Der erste Archon aus dieser Klasse
war Mnesitheides. Bisher waren die Archonten 457
stets, soweit man sich nicht etwa eine Gesetzes-
übertretung gestattete, aus den Rittern und Pentakosiomedimnen genommen worden, während
die Kleinbauern auf die niederen Regierungsstellen beschränkt waren. Fünf Jahre später, 453
als Lysikrates Archon war, wurden die dreissig
Dorfrichter, wie man sie nannte (δικασταὶ κατὰ
δήμους), wieder eingesetzt. Und wieder drei Jahre
später, unter dem Archon Antidotos, wurde auf 451
Antrag des Perikles, weil sich die Bürgerschaft
stark vermehrt hatte, beschlossen das Voll-
bürgerrecht auf die zu beschränken, deren Eltern
beide echtbürgerlicher Abkunft waren.

(27)   Als nun Perikles die Volksführung über-
nahm — er hatte sich dadurch zuerst einen
Namen gemacht, dass er als ganz junger Mensch
den Rechenschaftsbericht des Kimon über seine
Feldherrnthätigkeit auf Thasos zum Gegenstand
einer Anklage machte — da wurde die Ver-

lassung noch demokratischer. Abgesehen davon,
dass es ihm gelang, dem Areopag noch weitere
Gerechtsame zu entziehen, hat er die Athener veranlasst ihre ganze Kraft auf die Flotte zu verwenden, und im Vertrauen auf die Flotte hat
das Volk die ganze Staatsleitung mehr und mehr
an sich gezogen. Als dann neunundvierzig Jahre
nach dem Seesieg bei Salamis, im Jahre da 432
Pythodoros Archon war, der peloponnesische
Krieg ausbrach, da begann das Volk, das nun
in die Stadt eingeschlossen war und sich daran
gewöhnte vom Kriegssolde zu leben, halb mit
Bedacht, halb nothgedrungen sich in den Gang
der Staatsverwaltung einzumischen. Es hatte aber
Perikles auch den Gemeindegerichten einen Sold
zugewiesen, um bei dem Wettkampf um die
Gunst der Menge den Kimon mit seinem Reichthum aus dem Felde zu schlagen. Kimon
nämlich, der ein fürstliches Vermögen besass,
war nicht nur seinen staatlichen Verpflichtungen
in glänzendster Weise nachgekommen, auch
vielen seiner Gemeindeangehörigen gewährte er
vollkommenen Unterhalt. Jeder Lakiade — so
hiess seine Gemeinde — durfte alltäglich, wenn
er wollte, zu ihm kommen und bekam was er
brauchte. Dazu liess Kimon seine ländlichen Besitzungen uneingezäunt, damit im Herbste jeder
der wollte eintreten und des Obstes geniessen
könne. Dieser verschwenderischen Freigebigkeit
gegenüber war Perikles mit seinem Vermögen

im Nachtheil. Da gab ihm Damonides von Oie — derselbe, der den Perikles in den Krieg hinein-getrieben hat und der zum Dank dafür später durch das Scherbengericht verbannt wurde — den Rath, da er es aus seiner Tasche nicht könne, so solle er dem Volke aus dem Volkssäckel geben, und so führte Perikles die Besoldung der Geschworenen ein. Dadurch, klagen manche, sei es noch schlimmer geworden, da von nun an jeder Tagedieb sich eifriger zur Loosurne drängte als der ruhige Bürgersmann. Danach kam auch die Unsitte die Geschworenen zu bestechen auf: Anytos, der in Pylos Feldherr gewesen war und, weil er diesen Platz nicht gehalten hatte, vor Gericht gestellt wurde, war der erste der seine Freisprechung dem Mittel der Bestechung ver-dankte.

(28) So lange nun Perikles die Leitung der Volks-partei hatte, stand es noch leidlich um das öffent-liche Leben; als er starb wurde es viel schlim-129 mer. Damals zuerst bekam das Volk einen Obmann, der bei den Gemässigten gar keines Anschens genoss, während bisher seine Führer stets aus den Kreisen der Gemässigten hervor-gegangen waren. Um mit dem Anfang zu be-ginnen, so war der erste Obmann der Gemeinde Solon gewesen, der zweite alsdann Peisistratos, ein Mann aus vornehmer und reicher Familie. Nach dem Sturze der Tyrannis folgte Kleisthenes aus dem Geschlechte der Alkmeoniden. Dieser

hatte, seitdem Isagoras mit seinem Anhang vertrieben war, keinen Parteigegner; wohl aber
standen sich hernach Xanthippos und Miltiades
gegenüber, der erstere Führer der Volkspartei,
der andere an der Spitze des Adels. Ebenso
nachher Themistokles und Aristeides. Nach ihnen •
war Ephialtes das Haupt der Volkspartei, Kimon des Miltiades Sohn das der Reichen; dann
stand Perikles an der Spitze des Volkes, Thukydides, einVerwandter des Kimon, an der Spitze
der Gegenpartei. Und endlich nach Perikles' Tode
vertrat Nikias, derselbe der später in Sicilien
sein Ende fand, die Vornehmen, Kleon des Kle-
ainetos Sohn das Volk. Dieser Kleon war es,
der mit seinem ehrgeizigen Streben zur Demo-
ralisierung der Masse das meiste beitrug: er war
der erste, der nicht wie andere Leute in anstän-
digem Gewande und ruhiger Haltung, sondern
mit einem Schurzfell angethan auf die Redner-
bühne trat und mit Geschrei und Schmähungen
das Volk erregte. Und noch später war Theramenes Hagnons Sohn Führer der einen Partei, während der Instrumentenmacher Kleophon
die Volkspartei leitete. Der zuerst verschaffte die
Mittel für die jährliche Zweiobolenspende, die
nun eine Zeitlang üblich wurde, bis Kallikrates
aus Paiania sie abschaffte, indem er dem Volke
versprach, er wolle den zwei Obolen einen
dritten zulegen. Beide, Kleophon wie Kallikrates,
wurden später zum Tode verurtheilt. Das ist die

gute Natur des athenischen Volkes: es lässt sich
wohl bethören, aber bald empört es sich selbst
gegen die welche es zu einer Unwürdigkeit ver-
leitet haben. Auf Kleophon folgte eine ganze
Reihe von Demagogen, die weiter nichts im
Auge hatten als selbst eine Rolle zu spielen
und, wie es der Augenblick zu erfordern schien,
dem Volke nach dem Munde zu reden. Als die
tüchtigsten aller politischen Führer nach der
älteren Generation dürfen Nikias, Thukydides
und Theramenes gelten. Von den beiden ersteren
geben so ziemlich alle zu, dass sie nicht nur
brave und tüchtige Männer waren, sondern auch
wirkliche Politiker, welche der gesammten Gemeinde mit fast väterlichem Wohlwollen gegenüber standen. Ueber Theramenes ist das Urtheil
strittig, weil seine Thätigkeit in eine Zeit fiel, wo
die Wogen der politischen Bewegung hoch
gingen. Wer aber gewissenhaft urtheilen will,
darf nicht, wie es manche gehässiger Weise
gethan, behaupten er habe gegen jede Verfassungsform Opposition gemacht und jeder zum
Sturze verholfen: vielmehr hat er eine jede unterstützt, so lange sie sich streng auf dem Boden
des Gesetzes hielt. Denn er verstand es mit
jeder Verfassung auszukommen, wie das von
einem guten Politiker zu verlangen ist, und nur
wenn eine Regierung gesetzwidrig wurde, da
fügte er sich nicht, sondern trat ihr schonungs-
los entgegen.

So lange das Kriegsglück schwankte, hielt sich die Demokratie. Als aber in Sicilien die Entscheidung fiel und die Lakedaimonier durch 413 das Bündniss mit dem Perserkönig auf den Höhepunkt ihrer Macht kamen, da sahen sich die Athener genöthigt, die Demokratie gegen das sogenannte Regiment der Vierhundert zu vertauschen. Den Antrag stellte Pythodoros aus...., die Hauptrede vor der Abstimmung hielt Melobios. Der Antrag ging durch, besonders weil die Menge sich einreden liess, der Perserkönig würde ihnen bereitwillig Kriegshilfe leisten, wenn sie eine oligarchische Verfassung einsetzten, Der Antrag des Pythodoros hatte folgenden Inhalt. Die Gemeinde solle zu dem schon bestehenden Zehnerausschuss (πρόβουλοι) noch weitere zwanzig Männer, solche die das vierzigste Lebensjahr überschritten hätten, wählen und sie damit beauftragen, zur Rettung des Staates einen Verfassungsentwurf aufzusetzen, nachdem sie zuvor geschworen, dass sie dies nach bestem Wissen und Gewissen thun wollten. Darauf bezügliche Anträge zu stellen solle jedem Bürger frei stehen, auf dass sie aus allen Vorschlägen das beste auswählen könnten. Dazu kam ein Zusatzantrag des Kleitophon: dieser Dreissigerausschuss solle auch die Gesetze, die zu der Väter Zeit von Kleisthenes, da er die Demokratie begründete, gegeben seien, sorgfältig prüfen und auch dieses Mittel das beste ausfindig zu machen nicht ver-

4

schmähen, gleich als ob die Verfassung des
Kleisthenes nicht eine demokratische gewesen
sei, sondern der solonischen ähnlich.

(29)   Das erste nun was der neugewählte Ausschuss beantragte war Folgendes. Die Prytanen
als Vorsitzende der Volksversammlung sollen
gehalten sein alle Vorschläge, die zum Heile der
Staates gemacht würden, zur Abstimmung zu
bringen. Sodann: jede Einrede wegen Gesetzwidrigkeit oder wegen eines politischen Ver-
gehens, ebenso jede Klagemeldung in der Volksversammlung ist aufgehoben, auf dass Niemand,
der die Absicht hat Vorschläge zu machen, sich
daran hindern lasse; wenn aber eine Behörde auf
solchen Anlass hin jemanden in Busse nimmt
oder vorladet oder vor Gericht stellt, soll sie auf
Grund einer peinlichen Anklage in Haft genommen und vor die Feldherrn geführt werden, die
Feldherrn aber sollen sie den Elfmännern zur
Hinrichtung überantworten. Alsdann beantragten
sie betreffs der Staatsleitung das folgende. Die
laufenden Einnahmen sollen nicht anders als für
den Krieg verwendet werden. Die Beamten sollen
für die Dauer des Krieges auf Sold keinen Anspruch haben, ausser den neun Archonten und
den jedesmaligen Prytanen, die jeder drei Obolen
den Tag beziehen sollen. Im übrigen sollen für
die Dauer des Krieges die gesammten Staatsgeschäfte denen obliegen, die mit ihrer Person
sowie mit ihrem Vermögen die leistungsfähigsten

sind, im ganzen nicht unter fünftausend; sie sollen
Vollmacht haben auch Verträge abzuschliessen
mit wem sie wollen. Aus jedem Kreise sollen
zehn Männer über vierzig Jahre alt gewählt
werden, die mit der Auswahl der Fünftausend
beauftragt werden, nachdem sie zuvor bei feier-
licher Opferhandlung vereidigt worden sind.

(30) Als diese Anträge des Dreissigerausschusses
beschlossen und zur Ausführung gekommen
waren, wählten die Fünftausend aus ihrer Mitte
einen Ausschuss von hundert Mitgliedern, um die
Verfassungsurkunde aufzusetzen. Der Ausschuss
trat in Thätigkeit und legte das folgende vor.
Die Rathsherrnstellen, unbesoldet, sollen all-
jährlich aus [vierhundert] Leuten, die das dreissigste Lebensjahr überschritten haben, besetzt
werden. Aus dem Rathe zu wählen sind die Feldherren, die neun Archonten, der jährliche Abgesandte zur Amphiktyonenversammlung in Delphi,
die Obersten der Fusstruppen wie der Reiterei,
die Rittmeister, die Commandanten der festen
Plätze, die Schatzmeister der Athene und der
anderen Götter, zehn an der Zahl, die Schatzmeister der Bundeskasse und der übrigen Staats-
kassen, zwanzig im ganzen . . . ., ebenso die
Opferbesorger (ἱεροποιοί) und Tempelverwalter,
von beiden je zehn. Alle diese Beamten sind aus
einer grösseren zu diesem Zwecke aus der Mitte
der Rathsherren präsentierten Anzahl zu wählen,
alle übrigen Regierungsstellen werden durch das

4*

Loos besetzt und zwar nicht aus der Mitte des
Raths. Diejenigen Bundesschatzmeister, die gerade mit der Kassenführung beauftragt sind,
sind zu den Rathssitzungen nicht heranzuziehen.
Der Rath, der, wie bemerkt, aus Leuten besteht
die das dreissigste Lebensjahr überschritten
haben, zerfällt in Zukunft in vier Abtheilungen,
von denen immer eine durch das Loos zu be-
stimmende amtiert; zugleich sind auch die übrigen Bürger je einer dieser vier Abtheilungen
zuzuweisen. Es soll aber der Hunderterausschuss
seine eigenen Mitglieder und die übrigen Bürger
in vier möglichst gleiche Theile theilen und aus
ihnen die Rathsmitglieder ausloosen, die dann
ein Jahr lang im Amte bleiben. Ihre Raths-
herrenpflicht sollen sie nach bestem Wissen und
Gewissen erfüllen, sollen darauf sehen, dass die
Gelder sicher angelegt und nur für das Noth-
wendige verausgabt werden, und ebenso alle
übrigen Geschäfte so gut sie es vermögen besorgen. Scheint es ihnen nöthig für irgend eine
Berathung noch mehrere hinzuzuziehen, so darf
jeder von ihnen nach eigener Wahl einen derselben Altersstufe angehörigen Bürger in die
Sitzung einführen. Rathssitzungen finden alle
fünf Tage statt, wenn sich nicht mehr Sitzungen
als nothwendig erweisen. Die neun Archonten
werden vom Rathe erloost. Die Entscheidung
über die Abstimmungen liegt in der Hand eines
Bureaus von fünf durch das Loos erwählten

Rathsmitgliedern, und aus ihrer Mitte wird täglich
einer erloost, der die Abstimmung zu leiten hat.
Die genannten fünf Mitglieder haben auch die
Reihenfolge derer die ein Anliegen an den Rath
haben, durch das Loos zu bestimmen, und zwar
stehen alle Cultangelegenheiten in erster Linie,
der zweite Platz gehört den Herolden, der dritte
den fremden Gesandtschaften, der vierte den
übrigen Geschäften. Wenn es sich um Krieg
oder Frieden handelt, sollen die Anträge der Feldherren im Nothfall auch ohne Loosung [an erster
Stelle] zur Verhandlung zugelassen werden. Wer
von den Rathsherren zur angesetzten Sitzung im
Rathhause sich nicht einfindet, zahlt für jeden
versäumten Tag eine Drachme, es sei denn dass
er vom Rathe Urlaub erbeten und erhalten hat.

31   Das war die von dem Hunderterausschuss
aufgesetzte Verfassungsurkunde, die für die Zukunft in Kraft treten sollte. Für jetzt dagegen
setzten sie zunächst folgendes auf. Im Rathe
sitzen der alten solonischen Verfassung gemäss
vierhundert Männer, vierzig aus jedem Kreise.
Sie werden aus der Zahl derer erloost, die von
den Kreisangehörigen dazu präsentiert werden,
und zwar nur solche die das dreissigste Lebensjahr überschritten haben. Diese Vierhundert haben
die Regierungsstellen zu besetzen, sie haben die
Schwurformel festzustellen, nach der die Beamten vereidigt werden, sie haben die Gesetze, die
Strafbestimmungen und alles Uebrige was dem

Rathe zusteht, zu beschliessen so wie sie es
für angemessen erachten. Die Gesetze, die in
Kraft treten werden, sollen ihnen in allen Staatsangelegenheiten als Norm dienen, sie sollen
sie nicht abändern und nicht andere an ihre
Stelle setzen. Die Feldherren soll der Rath für
diesmal aus der Gesammtmasse der Fünftausend
wählen, und zwar soll er, sobald er sich kon-
stituirt hat, eine Waffenschau abhalten und
danach zehn Männer nebst einem Sekretär für
sie auswählen; die gewählten sollen mit ab-
soluter Vollmacht im nächsten Jahr ihr Amt antreten und, wenn sie es für nöthig befinden, sich
mit dem Rathe berathen. Ebenso soll der Rath
einen Reiterobersten wählen und zehn Rittmeister.
Für die Folgezeit jedoch soll der Rath diese
Stellen so besetzen, wie es in der Urkunde geschrieben steht. Ausser der Rathsherrn- und
Feldherrnwürde darf weder ein Rathsherr noch
ein Feldherr noch irgend ein anderer Beamter
dasselbe Amt mehr als einmal bekleiden.

So sollte es zunächst gehalten werden: für die
Zukunft sollten die Hundert, wenn erst die Vierhundert in die vier Abtheilungen vertheilt wären,
die Vollbürger, damit sie mit den übrigen an den
Rathsstellen Antheil haben könnten, entsprechend
vertheilen.

(32)   Dies ist die Verfassung, wie sie der von den
Fünftausend gewählte Hunderterausschuss auf-
setzte. Und als die Gemeinde alles genehmigt

hatte — die Abstimmung darüber leitete Aristo-
machos — da wurde der alte Rath noch vor
Schluss des Amtsjahres am 14. Thargelion auf-
gelöst, und die Vierhundert traten an seine Stelle.
Das geschah am 22. Thargelion, während nach
altem Brauch der neue durch das Bohnenloos
bestellte Rath erst am 14. Skirophorion [also
drei Wochen später] anzutreten hatte. So kamen
im Jahre da Kallias Archon war, fast hundert $^{\text{Sommer}}_{411}$
Jahre nach der Vertreibung der Peisistratiden,
die Oligarchen ans Ruder. Die hervorragend-
sten Begründer des neuen Regiments waren
Peisandros, Antiphon und Theramenes, drei
Männer, die durch vornehme Geburt, durch Verstand und politische Einsicht gleich ausgezeichnet
waren. Als aber die neue Verfassung in Kraft
trat, ergab es sich dass die Fünftausend nur
zum Schein zugezogen waren: in der That
regierten die Vierhundert zusammen mit den
zehn unverantwortlichen Feldherrn vom Rathhause aus den Staat. Sie schickten auch sogleich
Gesandte nach Lakedaimon, um auf Grund des
beiderseitigen Besitzstandes einen Frieden zu
vereinbaren. Da die Lakedaimonier aber nur
unter der Bedingung darauf eingehen wollten,
dass Athen auf die Seeherrschaft verzichtete,
standen sie von ihrem Versuche ab.

(33) Vier Monate ungefähr hielt sich das Regiment der Vierhundert. Sie hatten auch einen
Archon aus ihrer Mitte eingesetzt, Mnesilochos,

der die zwei ersten Monate des Jahres amtierte, während die übrigen zehn Monate Theopompos 411.10 Archon war. Als dann aber die athenische Flotte bei Eretria geschlagen wurde und in Folge dessen ganz Euboia mit einziger Ausnahme der Stadt Oreos von Athen abfiel, da empfand das Volk diesen Verlust härter als irgend einen zuvor; denn Euboia war für Athen eine reichere Einnahmequelle als Attika selbst. Das Regiment der Vierhundert wurde gestürzt, die Fünftausend, das heisst alle welche eine volle Waffenrüstung stellen konnten, wurden mit der Regierung betraut und zugleich der Beschluss gefasst, dass kein Beamter ferner besoldet sein solle. Das Hauptverdienst um diesen Sturz hatten Aristokrates und Theramenes, die sich mit der Art wie die Vierhundert regierten nicht befreunden konnten. Denn alles hatten diese nach eigenem Ermessen gethan und nichts vor die Fünftausend gebracht. Diese Neuordnung war übrigens, wie mir scheint, eine gute und den Zeitläuften entsprechende: Athen hatte Krieg und wurde von denen regiert die waffenfähig waren.

(34) Die Oligarchen also hatten bald genug dem Volke das Regiment abtreten müssen. Aber schon im siebenten Jahre nach dem Staatsstreich der Vierhundert, da Kallias von Angele Archon war, 406.5 liess sich das Volk von seinen Führern zu einer doppelten Unbesonnenheit hinreissen. Die eine war, dass sie nach der Seeschlacht bei den Ar-

ginusen die zehn Feldherrn, denen sie den Sieg
verdankten, allesammt in einer einzigen Abstimmung zum Tode verurtheilten, obwohl diese theils
gar nicht am Kampfe betheiligt gewesen, theils
in der Noth auf einem fremden Schiffe ihr Leben
hatten retten müssen. Sodann aber, als die Lakedaimonier in Folge dieser Schlacht bereit waren,
von Dekeleia abzuziehen und auf Grund des gegen-
wärtigen Besitzstandes Frieden zu schliessen, da
waren es nur einige wenige die eifrig hierfür
eintraten, die Masse lehnte die Vorschläge ab,
diesmal von Kleophon verführt, der mit einem
Panzer angethan, trunken in die Volksversammlung kam und prahlte, nie würde er in den Frieden
willigen, wenn die Lakedaimonier nicht alle er-
oberten Städte herausgäben. Damals also wussten die Athener die Gunst der Umstände nicht
zu benützen, aber es dauerte nicht lange dass
sie den begangenen Fehler einsahen. Schon im
folgenden Jahre da Alexias Archon war erlitt 405/4
ihre Flotte bei Aigospotamoi eine entscheidende
Niederlage, die Lysander zum Herrn der Stadt
machte. Lysander setzte die Regierung der
Dreissig in Athen ein, und das kam so. Eine
der Friedensbedingungen war die, dass die
Athener fortan nach der Verfassung ihrer Väter
leben sollten. Diese allgemeine Bestimmung
fassten die verschiedenen Parteien verschieden
auf, indem die Demokraten die demokratische Verfassung zu halten suchten, während von den Vor-

nehmen, die welche sich auf ihre Clubs stützten, und die Emigranten, die nach dem Frieden zurück- gekehrt waren, eine Oligarchie wünschten, und wieder andere, die zwar keinem Club angehörten, aber doch hinter keinem zurückstehen zu müssen glaubten, demWortlaut gemäss dieVerfassung der Väter [wie sie Solon gegeben] herstellen wollten. Zu den letzteren gehörten Archinos, Anytos, Klei- tophon, Phormisios und viele andere, die Seele der Partei aber war Theramenes. Da jedoch Lysan- dros sich zu den Oligarchen schlug, liess sich das Volk einschüchtern und stimmte auf Antrag des Drakontides von Aphidnai für die Oligarchie.

(35) So wurde im Jahre da Pythodoros Archon war das Regiment der Dreissig eingesetzt. Sobald diese die Zügel in der Hand hatten, setzten sie sich über die eben beschlossene Ordnung der Ver- fassung hinweg. Sie begnügten sich aus einer präsentierten Zahl von tausend Bürgern den Rath der Fünfhundert und die übrigen Regierungs- stellen zu besetzen, nahmen dazu für den Pei- raicus eine Hilfsregierung von zehn und einen Gefängnissvorstand von elf Männern, stellten eine Schaar von dreihundert Bütteln (μαστιγοφόροι) in ihren Dienst und regierten so auf eigene Hand. Anfangs war ihr Auftreten gegen die Bürgerschaft ein durchaus massvolles. Sie gaben sich den Anschein die Verfassung der Väter einzuhalten, indem sie die von Ephialtes und Archestratos gegen den Areopagitenrath gerich-

teten Gesetze vom Areshügel, wo sie aufgestellt
waren, entfernten und diejenigen solonischen
Gesetze beseitigten, die eine zweideutige Auffassung zuliessen: wodurch zugleich den Ge-
richten das wichtige Recht der authentischen
Interpretation genommen wurde. So schafften
sie z. B. dem Gesetze 'jeder darf sein Eigenthum vererben wem er will' eine uneinge-
schränkte Giltigkeit, indem sie die bedenklichen
Zusätze 'es sei denn, dass der Erblasser nicht bei
vollem Verstande oder altersschwach war oder
auf Anstiften eines Weibes testiert hat' entfernten,
um alle leichtfertigen Anklagen abzuschneiden.
Ebenso verfuhren sie mit den übrigen Gesetzen,
alles unter dem Vorgeben die Verfassung be-
festigen und unangreifbar machen zu wollen.
So war es im Anfang, und das Volk war es zufrieden, dass die gewerbsmässigen Ankläger
sowie die welche der Menge wider ihr eigenes
Bestes nach dem Munde redeten, lauter hinter-
listige und gewissenlose Kerle, beseitigt wurden: man hatte zu der Regierung das Vertrauen, dass sie nur das wahre Beste im Auge
habe. Als aber die Dreissig ihrer Herrschaft
sicher geworden waren, dehnten sie ihre An-
griffe auch auf die besseren Bürger aus und
machten denen, die durch Vermögen, vornehme
Geburt und persönliches Ansehen eine Stellung
einnahmen, den Prozess, den einen um sich eine
Furcht vom Halse zu schaffen, den andern um

ihr Vermögen einzuziehen. Und in kurzer Zeit
hatten sie nicht weniger als fünfzehnhundert
Bürger hinrichten lassen.

(36)   Während es unter der Regierung der Dreissig also mit dem Staate abwärts ging, da war
es Theramenes, der voller Unwillen Einsprache
erhob und wiederholt verlangte, sie sollten von
ihrem frevlen Treiben ablassen und den besseren
Elementen der Bürgerschaft Antheil an der Regierung gewähren. Anfangs wehrten sie sich
dagegen; als aber Theramenes' Reden unter die
Menge kamen und ihm Freunde beim Volke verschafften, da fürchteten sie, er könne als Obmann
der Gemeinde ihre Herrschaft zu Falle bringen,
und stellten ein Verzeichniss von dreitausend
Bürgern zusammen, denen sie bereit seien als
Gutgesinnten Antheil an der Regierung zu geben.
Aber auch damit gab sich Theramenes nicht zufrieden und tadelte einmal, dass sie ihre gute
Absicht nur dreitausend Bürgern wollten zu Gute
kommen lassen, als ob die bürgerliche Tüchtig-
keit in Athen auf eine so kleine Anzahl beschränkt
wäre, sodann dass, wie er sagte, in ihrem Thun
ein unlöslicher Widerspruch läge, indem sie die
Regierung zwar stark, aber die Regierten noch
stärker haben wollten als die Regierung. Die Dreissig aber schenkten seinen Reden keine Beachtung,
vielmehr schoben sie es lange Zeit hindurch von
Tag zu Tag hinaus auch nur die Liste der Dreitausend zu publizieren; sie behielten sie für sich,

und so oft sie die Veröffentlichung beschlossen, waren immer welche darunter die sie zu streichen wünschten, um neue an die Stelle zu setzen.

(37)   Schon hatte der Winter begonnen, da gelang es Thrasybulos mit den Emigranten der demokratischen Partei den festen Platz Phyle zu besetzen. Die Dreissig zogen wider ihn zu Felde, und da die Sache für sie übel ablief, beschlossen sie dem übrigen Volke die Waffen abzunehmen und den Theramenes zu beseitigen. Das stellten sie folgendermassen an. Sie brachten zwei Gesetzesanträge zur Abstimmung vor den Rath, von denen der eine ihnen Vollmacht verlieh alle die Bürger hinzurichten, die nicht auf der Liste der Dreitausend standen, der andere alle diejenigen von der Bürgerschaft ausschloss, welche bei der Schleifung von Eetioneia, eines von den Vierhundert erbauten Hafenforts, sich betheiligt oder sonst irgendwie dieser früheren oligarchischen Regierung Widerstand geleistet hatten. Da beides auf Theramenes zutraf, so sah sich dieser, sobald die beiden Anträge zum Beschluss erhoben waren, von der Bürgerschaft ausgeschlossen, und die Dreissig hatten das Recht ihn hinrichten zu lassen. Kaum war er beseitigt, so nahmen sie allen Athenern mit Ausnahme der Dreitausend die Waffen ab, und die Härte und Ruchlosigkeit ihres Regiments nahm in jeder Beziehung zu. Nach Lakedaimon schickten sie Gesandte, die ihr Verfahren gegen Theramenes durch schwere

Anklagen rechtfertigen und zugleich um Unter-
stützung bitten sollten. Darauf hin schickten die
Lakedaimonier siebenhundert Mann unter Kallibios als Vogt (ἁρμοστής), die sogleich nach ihrer
Ankunft die Akropolis besetzten.

(38)   Danach glückte es dem Thrasybulos von
Phyle aus die Hafenfestung Munichia zu besetzen
und den zu Hilfe eilenden Anhängern der Dreissig
ein siegreiches Treffen zu liefern. Die Be-
siegten mussten sich nach dem Gefecht in die
Stadt zurückziehen und traten auf dem Markte
zu einer Berathung zusammen. Am folgenden
Tage erklärten sie die Regierung der Dreissig
für abgesetzt und wählten zugleich eine Com-
mission von zehn Bürgern mit der Vollmacht
den Bürgerkrieg zu beendigen. Die Zehn übernahmen zwar das Amt, aber nicht nur thaten sie
das nicht wozu sie gewählt waren, sondern wag-
ten es sogar Abgesandte nach Lakedaimon zu
schicken, um sich Hilfe zu erbitten und eine
Geldanleihe zu machen. Da dies den Unwillen
der Bürgerschaft erregte, so fürchteten sie
die Herrschaft sofort wieder zu verlieren und
um für die anderen ein abschreckendes Beispiel zu statuieren, ergriffen sie den Demaretos,
einen der angesehensten Bürger, und liessen
ihn hinrichten. Sie erreichten damit ihren
Zweck und hielten nun die Gewalt fest in
Händen, unterstützt von Kallibios und den peloponnesischen Truppen auf der Burg, dazu auch

von einzelnen unter den Rittern, die ein besonderes Interesse daran hatten, dass die Emigranten von Phyle nicht zurückkehrten. Als aber die
Emigranten, die inzwischen beide Häfen, den
Peiraieus wie Munichia, in Besitz genommen
hatten, dadurch dass die ganze Masse des Volkes
auf ihre Seite getreten war ein entschiedenes
Uebergewicht im Kampfe erlangt hatten, setzte
man die erstgewählte Zehnercommission ab und
ernannte eine andere, die zehn tüchtigsten die
man zu haben glaubte, deren eifrigem Bemühen
und thätiger Beihülfe es in der That gelang
die Parteien zu versöhnen und dem Volke die
Rückkehr in die Stadt zu ermöglichen. Am
meisten thaten sich hierbei unter ihnen zwei
Männer hervor, Rhinon von Paiania und Phayllos
von Acherdus. Schon bevor König Pausanias
ankam, hatten sie mit den Demokraten im Peiraieus verhandelt, und betrieben nun, nachdem
er gekommen war, mit ihm gemeinsam deren
Rückberufung. Denn zum eigentlichen Ende hat
erst Pausanias die Friedensverhandlungen und die
Aussöhnung der Parteien geführt, unterstützt von
den zehn Friedensmittlern (διαλλακταί), die auf
sein Betreiben ihm aus Lakedaimon nachgeschickt
waren. Dem Rhinon aber und seinen Amts-
genossen wurde zum Dank für die guten Dienste
die sie dem Volke geleistet ein Belobigungsdecret
ausgestellt. Sie, die ihr Vertrauensamt aus der
Hand der Oligarchie erhalten hatten, legten vor

der Demokratie Rechenschaft darüber ab, und
es war keiner der ihnen etwas vorzuwerfen fand,
weder von der städtischen noch von der Peiraicus-
partei; vielmehr wurde gleich darauf Rhinon in
Anerkennung seiner Verdienste sogar zum Feldherrn gewählt.

(39)   Die Versöhnung der Parteien fand in dem
Jahre da Eukleides Archon war auf Grund fol- 403
gender Vereinbarungen Statt. Jeder Athener der
zu den Städtern gehalten hat und jetzt seinen
Wohnsitz zu verlegen wünscht, darf in Eleusis
leben, im vollen Besitz seiner bürgerlichen Rechte,
als Herr seines Eigenthums, mit voller Freiheit
darüber zu verfügen und es zu geniessen. Das
eleusinische Heiligthum soll beiden Theilen gemeinsam sein, die Verwaltung desselben haben
alter Satzung gemäss die Keryken und die Eumolpiden. Dagegen sollen weder die in Eleusis
wohnenden in die Stadt, noch die Städter nach
Eleusis kommen, ausser während der beiderseitigen Mysterienfeier. Zu den Kosten die Athen
aus dem Beitritt zum peloponnesischen Bunde
erwachsen, sollen die Leute von Eleusis ebenso
beisteuern wie die übrigen Athener. Wer von
denen die nach Eleusis übersiedeln dort ein
Haus erstehen will, soll den Besitzer gütlich zum
Verkauf zu überreden suchen. Können sie sich
über den Preis nicht einigen, soll jeder, der
Käufer wie der Verkäufer, drei Taxatoren (τιμηταί)
wählen, und mit dem Preise den diese bestimmen

soll der Verkäufer zufrieden sein. Zur Miethe
bei dem Käufer dürfen nur solche Eleusinier
wohnen, die ihm als Miethsleute genehm sind.
Melden sollen sich die welche umsiedeln wollen,
soweit sie sich im Lande aufhalten, bis zum
siebenten Tage nach dem Versöhnungseide, umsiedeln bis zum zwanzigsten Tage; dieselben
Termine gelten für die welche verreist sind,
vom Tage ihrer Rückkunft an. Ein städtisches
Amt darf keiner der sich in Eleusis ansiedelt
bekleiden, es sei denn dass er sich zuvor zur
Rückkehr in die Stadt meldet. Die Mordklage
bleibt nach Satzung der Väter bestehen, wie es
im Gesetze heisst 'wer einen Mord rächt, nachdem er den Mörder für vogelfrei erklärt hat u. s. w.';
doch darf für das Vergangene keiner keinen
gerichtlich verfolgen, ausgenommen die Dreissig,
die Zehnercommission, die Elfmänner und die
Hilfsregierung im Peiraicus, und auch diese nur
solange sie nicht Rechenschaft abgelegt haben.
Rechenschaft soll ablegen die Peiraicusregierung
vor der Peiraicusgemeinde, die Mitglieder der
städtischen Regierung vor der städtischen Gemeinde, indem an beiden Stellen die geschädigten
eine Abschätzung ihrer Verluste einreichen. Und
wer von ihnen, wenn dies erledigt ist, nach
Eleusis umsiedeln will, dem soll es frei stehen.
Für die Rückbezahlung aber der Gelder, welche
beide Parteien zu Kriegszwecken aufgenommen
haben, soll jede Partei für sich aufkommen.

5

(40) Als der Vertrag in dieser Form abgeschlossen
war, herrschte unter denjenigen welche im
Kampfe auf Seite der Dreissig gestanden hatten
bange Furcht, und viele hegten die Absicht um-
zusiedeln, schoben aber, wie dies alle Menschen
zu thun pflegen, ihre schriftliche Meldung bis
auf die letzten Tage hinaus. Da kürzte Archinos
in Betracht der grossen Zahl dieser Bürger,
welche er zurückzuhalten wünschte, die zur Ab-
gabe dieser Erklärung gewährte Frist um die
noch ausstehenden Tage, und nöthigte auf diese
Weise viele in der Stadt zu bleiben, zunächst
widerwillig, bis sie dann wieder Zuversicht
schöpften. Das war eine vortreffliche Massregel
des Archinos, sowie nicht minder, dass er gegen
den Antrag des Thrasybulos, man solle allen
welche sich an der Rückkehr aus dem Peiraieus
betheiligt hätten, unter denen sich eine Anzahl
offenkundiger Sklaven befanden, das Bürgerrecht
ertheilen, die Einrede der Gesetzwidrigkeit erhob. Und zum dritten, dass, als einer von den
zurückgekehrten Vergangenes in vertragswidri-
ger Weise zum Gegenstand einer gerichtlichen
Verfolgung machen wollte, er ihn festnahm,
vor den Rath brachte und diesen dazu bestimmte,
den betreffenden ohne weitere Untersuchung hinrichten zu lassen: denn jetzt, erklärte er, müsse
man zeigen, ob man mit redlichem Willen die
Demokratie aufrecht zu erhalten und seinen Eid-
schwüren treu zu bleiben gedenke: liessen sie

diesen Menschen laufen, so würden sie nur die
anderen dazu reizen es ebenso zu machen, durch
seine Hinrichtung dagegen für alle ein Exempel
statuieren. So kam es auch in der That: nach dem
Tode jenes Menschen rührte niemals wieder
Jemand die alten Dinge vor Gericht wieder auf,
sondern auf durchaus loyale und staatskluge
Weise stellten sich die Einzelnen nicht minder
wie die Gesammtheit zu den Schicksalsfügungen
der Vergangenheit. Nicht nur wurden alle An-
schuldigungen auf Grund der früheren Ereignisse
einfach getilgt, sondern es ward auch den Lake-
daimoniern das Geld, welches die Dreissig zu
Kriegszwecken aufgenommen hatten, von der
Gesammtheit zurückerstattet, obgleich der Vertrag bestimmte, dass jede der beiden Parteien,
die Städter so gut wie die Männer vom Peiraieus,
ihre Anleihen besonders begleichen sollten. Aber
sie meinten, diese Massregel müsse der Grund-
und Eckstein der wiederhergestellten Eintracht
sein, während in den anderen Staaten die Demokraten sobald sie zur Macht gelangen nicht nur
nichts aus ihrem eigenen Beutel zusteuern, sondern
noch obendrein den Grund und Boden auftheilen.
Und so söhnten sie sich denn mit den nach Eleusis
übersiedelten Bürgern aus, im dritten Jahre nach
der Umsiedelung, als Xenainetos Archon war. 401

(41)   Diese Vorgänge gehören jedoch erst der
Folgezeit an: damals richtete sich der Demos
noch in dem Jahre des Archon Pythodoros als 404/3

5*

unumschränkter Herr der Lage die jetzt be-
stehende Verfassung ein; die Befugniss dazu
durfte das Volk mit vollem Recht darum für
sich in Anspruch nehmen, weil es sich aus eigener
Kraft ohne fremde Hilfe die Rückkehr in die
Stadt erstritten hatte. Dieses war der Zahl nach
die elfte in der Reihe der Umgestaltungen der Verfassung. Die erste Verfassungsordnung war die
der Urzeit angehörige, welche von Jon und den
Ansiedlern in seinem Gefolge ausging: damals
schlossen sie sich in die vier Stämme zusammen
und setzten die Stammesältesten ein. Die zweite,
und die erste welche den Namen einer Verfassungsordnung verdient, ist die von Theseus ge-
schaffene, welche ein wenig von der früheren mo-
narchischen abwich. Es folgte die drakontische,
verbunden mit der ersten Niederschrift von Gesetzen. Die dritte Umwälzung, welche den Grund
zur Demokratie gelegt hat, fand nach dem Partei-
kampf unter Solon statt. Als vierte folgt die
Tyrannis des Peisistratos, als fünfte nach der
Beseitigung der Tyrannen die des Kleisthenes,
demokratischer als die solonische. Die sechste
fand statt, als nach dem Medereinfall der Rath des
Areopag an die Spitze trat: zu der folgenden
siebenten hat Aristeides die Wege gewiesen, Ephialtes sie zu Ende geführt, indem er den Rath der
Areopagiten bei Seite schob: in ihr hat sich der
athenische Staat in Folge des Strebens nach
der Seeherrschaft von den Führern des Demos

zu den meisten Fehlern verleiten lassen. Achtens
die Einsetzung der Vierhundert, neuntens die
Wiederherstellung der Demokratie, zehntens die
Tyrannis der Dreissig und der Zehnmänner,
elftens diejenige Umgestaltung der Verfassung,
welche nach der Rückkehr der Emigranten von
Phyle sowie aus dem Peiraieus in Kraft getreten
ist und von da ab bis zur Gegenwart beständig
zu einer stetigen Mehrung der Befugnisse der
grossen Menge geführt hat. Denn über Alles
hat der Demos selbst sich in eigener Person
zum Gebieter gesetzt, weil die ganze Verwaltung
durch Mehrheitsbeschlüsse und gerichtliche Entscheidungen bestimmt wird: den Ausschlag in
beiden giebt aber das Volk, seitdem auch die
früher zur Kompetenz des Rathes gehörige
Gerichtsbarkeit auf die Volksgemeinde übergegangen ist. Und mit Recht, dünkt mir, denn
einige wenige lassen sich durch die Aussicht auf
materiellen Vortheil und durch persönliche Rück-
sichten leichter beeinflussen als die grosse Menge.
Aus diesem Grunde haben sie auch die Anfangs
durchgeführte Abschaffung der Tagegelder für
die Theilnahme an der Volksversammlung wieder
rückgängig gemacht: man fand sich zur Versammlung nicht ein, und alle Auskunftsmittel
durch welche die vorsitzenden Rathsmitglieder
es erreichen wollten, dass auch das Volk sich
zur Beschlussfassung einstelle, schlugen fehl. So
beschaffte denn Agyrrhios die Mittel zur Zahlung

von einem Obolen Tagegeld: den zweiten fügte
nach ihm Herakleides von Klazomenai, der sogenannte 'Grosskönig' hinzu, den dritten schliesslich
wieder Agyrrhios.

— — — —

42   Die jetzt in Kraft stehende Ordnung der Verfassung ist folgende: an den politischen Rechten
haben nur diejenigen Antheil, deren Eltern beide
vollberechtigte Bürger sind. Eingeschrieben werden sie in das Register der Gemeindeangehörigen,
wenn sie achtzehn Jahre alt geworden sind: sollen
sie eingeschrieben werden, so nimmt die Versammlung der Gemeindeglieder, nachdem sie vereidigt worden ist, mit ihnen eine Prüfung vor,
die dahin geht ob sie erstlich das gesetzlich vorgeschriebene Alter besitzen — ist dies nicht der
Fall, so treten sie wieder in die Reihe der Unmün-
digen zurück — und ob zweitens der betreffende
ein Freier ist und seine Abstammung den gesetzlichen Erfordernissen entspricht. Entscheidet die
Versammlung dass er nicht frei geboren sei, so
steht ihm frei an das Volksgericht zu gehen, für
welches die Gemeindeversammlung aus ihrer
Mitte fünf Ankläger wählt; geht das gerichtliche
Erkenntniss dahin, dass er sich zu Unrecht habe
einschreiben lassen wollen, so verkauft ihn der
Staat in die Sklaverei: erstreitet er dagegen ein
obsiegendes Urtheil, so muss er in das Register
der Gemeindegenossen eingeschrieben werden.

Hierauf unterwirft der Rath die Eingeschriebenen
einer Nachprüfung (δοκιμασία): erweist sich dabei
dass einer noch nicht achtzehn Jahr alt ist, so
nimmt der Rath die Gemeindemitglieder welche
die Eintragung vorgenommen haben in eine Geldbusse. Ist die Nachprüfung der Epheben, wie hin-
fort die jungen Männer heissen, erfolgt, so treten
ihre Väter nach Kreisen zusammen und wählen
aus der Zahl derjenigen Kreisansässigen welche
über vierzig Jahre alt sind drei Männer aus, die
ihnen nach ihrem eidlichen Ermessen die besten
und geeignetsten dünken um die Aufsicht über
die Epheben zu führen: aus diesen erwählt dann
die Volksversammlung durch Handmehr einen
aus jedem Kreise als Zuchtmeister (σωφρονιστής),
sowie einen aus der Zahl der übrigen Bürger
als Obermeister (ἐπιμελητής) über alle Epheben
insgesammt. Diese vereinigen die Epheben, und
nachdem sie dieselben zunächst bei den einzelnen
Landesheiligthümern herumgeführt, rücken sie
nach dem Peiraieus ab, und üben den Wach-
dienst, die einen auf Munichia, die anderen an
der Küste. Die Volksgemeinde wählt sodann
für sie zwei Turnlehrer, sowie andere Lehrer
welche sie in der Handhabung der Hieb- und
Stosswaffen, dem Bogenschiessen, Speerwerfen
und Abschiessen der Katapelten unterweisen.
Zum Unterhalt weist sie jedem Sophronisten eine
Drachme täglich, jedem Epheben vier Obolen
an: diese Beträge nimmt jeder Sophronist für

die Epheben seines Kreises in Empfang, kauft davon das nöthige für alle gemeinsam ein, da die Epheben jedes Kreises eine gemeinsame Menage führen, und bestreitet daraus auch alle übrigen Bedürfnisse.

So verbringen sie das erste Jahr: im folgenden findet zunächst eine Volksversammlung im Theater statt, in welcher sie ihre Fertigkeit in den taktischen Exercitien vorführen, und dann, nachdem sie vom Staat Schild und Lanze erhalten haben, leisten sie den Patrouillendienst auf dem Lande und liegen in den Wachthäusern kasernirt. Während dieses zweijährigen Wachdienstes in Uniform (χλαμύς) sind sie von allen staatlichen Leistungen befreit: sie können weder verklagt werden noch klagen, um durch keinerlei Abhaltungen abgezogen zu werden, ausgenommen wenn es sich um Erbschaftsregulierungen oder Versorgung einer Erbtochter handelt, und wenn einem nach den Ordnungen seines Geschlechts ein Priesterthum zufällt. Sind die zwei Jahre vorüber, so treten sie in die Reihe der übrigen Bürger ein. Dies sind die Bestimmungen über die Eintragung in die Bürgerrolle und die Ausbildung der Epheben.

(43)   Alle Regierungsstellen der gewöhnlichen Verwaltung besetzen sie durch das Loos, mit Ausnahme der Stellen des Kriegszahlmeisters, der Behörde für die Festgelder, sowie des Obermeisters über die Brunnen: diese drei wählen sie

durch Handmehr, und die also gewählten amtieren von einem grossen Panathenaienfeste bis zum folgenden. Auf dieselbe Weise besetzen sie alle Offizierstellen.

Der Rath der Fünfhundert aber wird erloost, fünfzig aus jedem Kreise; die Geschäfte führt abwechselnd jeder Kreis in einer durch das Loos bestimmten Reihenfolge, die ersten vier je sechsunddreissig, die folgenden sechs je fünfunddreissig Tage; denn das athenische Jahr ist ein Mondjahr [von 354 Tagen]. Die Mitglieder des jedesmal geschäftsführenden Kreises, welche Prytanen heissen, essen zusammen in dem Kuppelbau der Tholos auf Staatskosten, und berufen die Plenarsitzungen des Rathes sowie die Versammlungen der Gemeinde: die Rathssitzungen täglich, ausser an Festtagen; die Gemeinde mindestens viermal während der Dauer jeder Prytanie. Was der Rath in seinen Sitzungen verhandeln muss und was an jedem Tage, und alles womit überhaupt er sich zu befassen hat, bestimmt die von ihnen aufgesetzte schriftliche Tagesordnung. Ebenso schreiben sie die Volksversammlungen aus, erstlich die eine Hauptversammlung, welcher obliegt darüber abzustimmen ob die Behörden zur Zufriedenheit amtieren, sowie über den Stand der Getreidevorräthe und die Sicherheit des Landes zu verhandeln. Ferner müssen diejenigen welche politische Anklagen (εἰσαγγελία) erheben wollen dieses in dieser Versammlung thun, und

sind die Aufnahmen über die dem Staate ver-
fallenden Vermögensstücke zu verlesen, sowie
die Eingaben an den Archon um Einweisung in
eine Hinterlassenschaft oder in das Verlöbniss
mit einer Erbtochter, damit jeder Fall in welchem
ein Besitz herrenlos geworden zu jedermanns
Kenntniss gelange. Ausserdem bringen sie in
der sechsten Prytanie zur Abstimmung ob ein
Scherbengericht abzuhalten sei oder nicht, sowie
auch die präjudiziellen Entscheidungen (προβολαί)
über Sykophanten, Athener wie Niedergelassene,
aber höchstens drei von jeder der beiden Kategorien, sowie wenn Jemand eine der Gemeinde
gegebene Verheissung nicht einlöst. Die zweite
Volksversammlung beraumen sie für die Bitt-
gesuche an: in ihr darf jeder ein Gesuch um
Gewährung eines privaten oder öffentlichen An-
liegens einbringen und vor der Gemeinde be-
gründen. Die beiden anderen Volksversammlungen sind für die übrigen Angelegenheiten
bestimmt, und es fordert die gesetzliche Vorschrift, dass in diesen Tagungen drei Gegen-
stände der Tagesordnung sich auf gottesdienst-
liche, drei auf staatliche Angelegenheiten beziehen müssen, und ebenso drei den Herolds- und
Gesandtschaftsberichten vorbehalten bleiben. Zu-
weilen verhandelt die Gemeinde auch ohne dass
die Stellung der Vorfrage (προχειροτονία) voraut-
gegangen ist. Die Herolde und Gesandten haben
sich zuerst den Prytanen vorzustellen und die

Ueberbringer von Depeschen dieselben ihnen einzuhändigen.

4) Die Prytanen haben einen durch das Loos bestimmten Obmann (ἐπιστάτης), der vierundzwanzig Stunden lang, Tag und Nacht den Vorsitz führt und weder längere Zeit noch mehr wie einmal funktionieren darf. Dieser hat die Schlüssel der Heiligthümer in welchen die öffentlichen Gelder und Urkunden liegen, sowie das Staatssiegel in Verwahrung, und muss sich stets in der Tholos aufhalten nebst einer Drittelschaft (τριττύς) der Prytanen, welche er nach Gutdünken bestimmt. Berufen die Prytanen den Rath oder die Volksgemeinde zusammen, so wählt er durch das Loos ein Bureau von neun Mitgliedern (πρόεδροι), je Einen aus jedem Kreise ausser dem geschäftsführenden, erloost aus diesen einen Vorsitzenden, und händigt dem Bureau die Tagesordnung ein. Dieses hat dann auf die Beobachtung der parlamentarischen Ordnung zu achten: es eröffnet die Debatte über die einzelnen Verhandlungsgegenstände, verkündet das Ergebniss der Abstimmungen, trifft alle sonst erforderlichen Anordnungen und ist befugt den Schluss der Versammlung zu erklären. Den Vorsitz des Bureaus darf niemand öfters als einmal im Jahre führen, Mitglied desselben aber darf man einmal in jeder Prytanie sein. Die Wahlen der Strategen und Reiter-Obersten sowie der übrigen Offiziere für den Felddienst nehmen sie in der Volksver-

sammlung vor, nach den Bestimmungen des jedesmal voraufgegangenen Gemeindebeschlusses:
die Ausführung desselben liegt denjenigen Prytanen nach der sechsten Prytanie ob, unter
welchen die Himmelszeichen sich als günstig aus-
gewiesen haben. Es muss aber auch hierfür ein
Rathsantrag vorliegen.

(45) In früheren, Zeiten hatte der Rath die sou-
veräne Befugniss besessen [in einzelnen Fällen]
Bürger in Geldstrafen zu nehmen und sie in
Fesseln legen, ja tödten zu lassen, dieselbe aber
aus folgender Veranlassung verloren. Als der
Rath einen gewissen Lysimachos bereits zum
Henker hatte abführen lassen, und dieser schon
des Todes gewärtig auf dem Armensünderstuhl
sass, riss ihn Eumeleides von Alopeke mit der
Erklärung hinweg, es dürfe kein Bürger ohne
Erkenntniss des Volksgerichtes zum Tode gebracht werden. Bei der darauf erfolgten Verhandlung im Volksgericht ward Lysimachos,
welcher davon nachmals den Beinamen 'Lysimachos vom Block' führte, freigesprochen und
die Volksgemeinde gab ein Gesetz, dass wenn
der Rath einen Bürger wegen einer Rechtsverletzung verurtheilt oder in Geldbusse genommen
habe, die Thesmotheten gehalten seien diese
Verurtheilungen und Bussauflagen vor das
Volksgericht zu bringen: was dann die Abstimmung der Geschworenen ergebe, das sei
Rechtens.

Der Rath hat ferner die Gerichtsbarkeit über die meisten Regierungsbehörden, insonderheit diejenigen welche Gelder in Händen haben: doch ist seine Entscheidung keine endgiltige, sondern es steht die Appellation an das Volksgericht offen. Auch Privatleute dürfen bei ihm gegen jede beliebige Behörde die Meldeklage wegen Verletzung der Gesetze einreichen: aber auch in diesen Fällen ist von dem verurtheilenden Erkenntniss des Raths Appellation an das Volksgericht zulässig. Der Rath nimmt sodann die Prüfung der für das folgende Jahr erloosten Rathsmitglieder sowie der neun Archonten vor: früher war er auf Grund seiner Nachprüfung zur Kassation befugt: jetzt ist auch in diesen Fällen Appellation an das Volksgericht gestattet und der Rath in diesen Dingen nicht mehr souverän. Dagegen bereitet er durch seine Vorbeschlüsse die Entscheidungen der Gemeinde vor, und die Gemeinde darf über nichts zur Abstimmung schreiten worüber kein Rathsbeschluss vorliegt und was von den Prytanen nicht auf die Tagesordnung gesetzt ist. Wer ohne Rücksicht auf diese Norm des Staatsrechts bei der Gemeinde einen Beschluss durchgesetzt hat, verfällt der Klage auf Gesetzwidrigkeit.

(46)   Der Rath führt auch die Oberaufsicht über die gebauten Dreiruderer der Kriegsmarine und ihre Ausrüstung sowie über die Schiffshäuser, und lässt durch die Schiffskonstrukteure, welche die

Gemeinde durch Handmehr wählt, neue Dreiruderer oder Vierruderer je nach dem Beschluss
der Gemeindeversammlung bauen und für sie
die Ausrüstung nebst den Schiffshäusern besorgen. Uebergiebt der Rath seinem Nachfolger
nicht alles dieses in vollkommen fertigem Zu-
stande, so hat er keinen Anspruch auf den Kranz
für seine Amtsführung, sondern erhält ihn erst
unter dem folgenden Rath. Für den Bau der
Dreiruderer setzt er eine Admiralitätsbehörde
(τριηροποιοί) von zehn Mitgliedern ein, die er aus
der ganzen Bürgerschaft auswählt. Ebenso steht
ihm die Prüfung und Abnahme aller Staatsbauten
zu: ist er der Meinung dass jemand sich dabei
habe eine Unrechtfertigkeit zu Schulden kommen lassen, so erstattet er der Gemeinde davon
Anzeige und übergiebt den betreffenden wenn
er ihn schuldig findet dem Volksgericht zur ge
richtlichen Verfolgung.

(47)　　Ferner hat der Rath auch bei den meisten
Verwaltungsmassregeln der übrigen Behörden
mitzuwirken: da kommen zunächst in Betracht
die zehn durch das Loos bestimmten Schatzmeister der Athene, einer aus jedem Kreise,
und zwar nach dem noch nicht ausser Kraft
gesetzten solonischen Gesetz, aus der Klasse der
Höchstbesteuerten, den Pentakosiomedimnen:
zieht freilich ein Unbemittelter das Loos, so
amtiert er darum nichts desto weniger. Diese
Behörde übernimmt von ihren Vorgängern in

einer Sitzung des Raths das Prachtbild der
Athene und die goldenen Nikebilder nebst den
übrigen Schmuckgegenständen, sowie den Tem-
pelschatz. Sodann die zehn sogenannten Poleten, einer aus jedem Kreise. Ihnen liegt im
allgemeinen ob alle staatlichen Mieths- und Ver-
dingungsverträge abzuschliessen und die Bergwerke zu verpachten sowie die Gefälle des
Staates, und zwar unter Zuziehung des Kriegszahlmeisters sowie der für die Festgelder gewählten Behörde, in einer Rathssitzung, in welcher
sie dann denjenigen für die der Rath sich mit
Handmehr entscheidet den Zuschlag ertheilen.
Im besonderen gilt, dass für die von ihnen in
einer Rathssitzung begebenen Bergwerke, sowohl für die in Betrieb befindlichen welche
auf drei Jahre, wie die abgebauten und aufge-
gebenen Gruben welche auf.... Jahre vergeben
werden, ferner für die Veräusserung der einge-
zogenen Habe der vom Areopag verurtheilten
Verbrecher sowie der.... nicht sie, sondern die
neun Archonten den Zuschlag ertheilen.

Die Staatsgefälle welche auf ein Jahr verpachtet werden verzeichnen sie nebst den Namen
der Pächter und der Pachtsummen auf geweissten
Holztafeln die sie dem Rath einhändigen. Und
zwar buchen sie einmal diejenigen deren Zahlungen in zehn Raten, eine in jeder Prytanie, fällig
sind in zehn besonderen Ausfertigungen, sodann
die zum Jahresschluss fälligen, für jede Zahlung

in besonderer Ausfertigung, endlich diejenigen
deren Zahlungen in der neunten Prytanie fällig
sind. Ebenso buchen sie die Grundstücke und
Häuser, welche im Volksgericht verpachtet oder
verkauft werden, denn auch deren Verge-
bung liegt ihnen ob, und der Kaufpreis ist für
Häuser in fünf, für Grundstücke in zehn Jahres-
raten, die in der neunten Prytanie fällig sind,
zu erlegen. Rechnet man dazu dass die Pach-
tungen der Tempeldomainen, für welche der Archon-König den Zuschlag ertheilt, wie er sie auch
auf geweissten Tafeln bucht, auf zehn Jahre er-
folgen und die Beträge in der neunten Prytanie
zu entrichten sind, so erhellt wie grosse Summen
gerade zu diesem Termine eingehen. Nun werden
die Tafeln mit der Buchung der Zahlungstermine
in das Rathslokal gebracht, wo sie der Raths-
kanzlist aufbewahrt: ist ein Zahlungstermin eingetreten, so händigt er den Generaleinnehmern
die betreffenden Aktenstücke ein, indem er nur
diese allein aus ihrem Repositorium heraus-
nimmt, damit die an diesem Tage berichtigten
Beträge sofort gelöscht werden können: die
übrigen Akten bleiben für sich gesondert in Verwahrung, damit vor dem Zahlungstage keine
(48) Löschung erfolge. Es sind aber zehn General-
einnehmer (ἀποδέκται), nach den Kreisen ausgeloost, welche die Aktenstücke in Empfang nehmen und die entrichteten Beträge im Rathhaus im
Beisein des Rathes löschen um darauf die Akten

dem Kanzleisklaven wieder zurückzugeben. Bleibt
Jemand mit seiner Zahlung im Rückstand, so wird
dieses nebst dem Grund davon hierin verzeichnet:
die rückständige Zahlung muss aber bei Ver-
meidung von Haftstrafe geleistet werden, da der
Rath die gesetzliche Befugniss hat diese Aus-
stände einzumahnen und Säumige in Haft zu
nehmen. An dem Tage, an welchem sie die Beträge in Empfang genommen haben, weisen sie
dieselben den Kassen der einzelnen Behörden
an: Tags darauf bringen sie diese Anweisungen
schriftlich auf einer Tafel summiert ein, lesen
die Beträge im Rathhause vor und stellen in
der Rathssitzung die Frage ob einem der An-
wesenden bekannt sei, dass eine Behörde oder
ein einzelner Privatlieferant sich bei dieser oder
jener Anweisung habe eine Ordnungswidrigkeit
zu Schulden kommen lassen: falls eine Bean-
standung erfolgt, bringen sie dieselbe zur Abstimmung.

Ferner erloosen die Rathsherren aus ihrer
Mitte einen Rechnungsausschuss von zehn Mitgliedern (λογισταί), welche für jede Prytanie den
einzelnen Regierungsbehörden die Rechnungen
aufzustellen hat. Desgleichen die zehn Mitglieder
der Revisionskammer (εὔθυνοι), eines aus jedem
Kreise, und für jeden Revisor zwei Beisitzer,
welche gehalten sind an der Bildsäule des
Eponymen ihres Kreises zu sitzen. Wenn dann
jemand einem Beamten, der seinen Rechen-

schaftsbericht vor dem Gemeindegericht bereits
erstattet hat, noch eine besondere private Rechen-
schaftsablegung auf Grund seiner Klage auf-
erlegen will, so hat er binnen drei Tagen nach
der staatlichen Dechargeertheilung auf einem
geweissten Täfelchen schriftlich seinen Namen
sowie den des betreffenden Beamten und die
Rechtsverletzung deren er ihn beschuldigt, nebst
Beifügung des Strafsatzes den er dafür nach
seinem Gutdünken ansetzt, dem zuständigen
Revisor einzureichen. Dieser nimmt es in Empfang, prüft es und übergiebt, wofern er selbst
den Beamten schuldig findet, die rein persönlichen Sachen den Richtern welche die Prozesse
in dem betreffenden Kreise einzuleiten haben:
von den Dingen welche die Gemeinde angehen
macht er den Thesmotheten schriftliche Mittheilung, und diese bringen nach Empfang des
Schriftstücks die Frage nach Ertheilung der
Decharge auf das neue vor das Volksgericht:
was dann die Geschworenen erkennen ist end-
giltiger Entscheid.

(49) Auch über die von den Rittern selbst gestellten Dienstpferde übt der Rath die Kontrole
aus: findet er dass jemand, trotzdem er sich in
guten Verhältnissen befindet, sein Pferd schlecht
hält, so büsst er ihn an dem Verpflegungsgeld;
ist jemand aber entweder nicht im Stande oder
besitzt er nicht den guten Willen das Pferd zu
füttern, so brennen sie dem Pferde ein Rad auf

den Schenkel ein und bezeichnen es dadurch
als ausgemustert. Ebenso prüft der Rath die
reitenden Feldjäger (πρόδρομοι) auf ihre Brauch-
barkeit zu diesem Dienst: wen er für untauglich
erachtet, ist damit sofort zum Fussdienst degra-
diert; desgleichen die leichten Fusskämpfer
welche als Beiläufer (ἄμιπποι) den Reitern zu se-
kundieren haben: auf Grund seiner ungünstigen
Entscheidung verliert der Betroffene sofort seine
Soldbezüge. Die Ritter selbst aber hebt die von
der Volksversammlung gewählte Aushebungs-
kommission von zehn Mitgliedern (καταλογεῖς) aus:
diese händigt die Namen der von ihr ausgehobenen den Reiter-Obersten und Rittmeistern
ein, welche ihrerseits die Aushebungsliste vor
den Rath bringen, dort die versiegelte Stammrolle, welche das Verzeichniss sämmtlicher Ritter
enthält, öffnen und zunächst diejenigen von den
früher als tauglich eingetragenen streichen, welche
eidlich erklären durch körperliche Gebrechen am
Reiten verhindert zu sein; darauf rufen sie die
neu ausgehobenen vor: wer von diesen eidlich
erklärt, weder die körperliche Fähigkeit zum
Reiterdienst noch das dazu erforderliche Vermögen zu besitzen, den lassen sie frei: wer diese
Erklärung nicht abgiebt, den unterziehen die
Rathsherren einer Prüfung auf seine Tauglichkeit
zum Reiterdienst: beschliessen sie seine Tauglichkeit, so tragen sie ihn in die Stammrolle ein,
im anderen Falle lassen sie ihn ebenfalls frei.

6*

Ehemals hatte der Rath auch noch die Entscheidung über die Musterzeichnungen sowie über die Herstellung des jährlichen Festgewandes der Göttin: jetzt ruht sie bei der durch das Loos dazu bestimmten Abtheilung des Volksgerichts, da man Grund zu der Annahme hatte, dass der Rath seine bezüglichen Entscheidungen nach persönlicher Gunst fälle. Ferner hat er in Gemeinschaft mit dem Kriegszahlmeister für die Anfertigung der Nikebilder, sowie die Beschaffung der Siegespreise für die Spiele zur Feier des Panathenaienfestes zu sorgen. — Auch die Kontrole über die körperlich Gebrechlichen steht beim Rathe: ein Gesetz verordnet nämlich, dass wer weniger als drei Minen Vermögen hat und in dem Maasse körperlich untauglich ist, dass er gar kein Gewerbe zu treiben im Stande ist, nach einer Untersuchung durch den Rath von Staatswegen eine Pension von zwei Obolen täglich beziehen soll: für diese Ausgabe wird ein besonderer Zahlmeister durch das Loos bestimmt. — Ueberhaupt führt der Rath, um es noch einmal kurz zu sagen, in den meisten Stücken die Verwaltung in Gemeinschaft mit den übrigen Regierungsbehörden.

(50) Dies also sind die der Kompetenz des Raths unterstehenden Angelegenheiten. Durch das Loos werden ferner noch bestellt erstlich die Zehnmänner zur Instandhaltung der Heiligthümer, welche von den Generaleinnehmern dreissig Minen angewiesen erhalten um die nöthigsten

Reparaturen davon zu bestreiten. Desgleichen zehn Polizeimeister (ἀστυνόμοι), von denen fünf im Peiraieus amtieren, fünf in der Stadt. Diese haben darauf Acht zu geben, dass die Flötenspielerinnen, Sängerinnen und Harfenistinnen für keinen höheren Lohn als für zwei Drachmen gedungen werden: bestehen mehrere zu gleicher Zeit darauf dieselbe Person zu miethen, so nimmt die Behörde eine Loosung vor und vermiethet sie demjenigen der das Loos gezogen hat. Sodann sorgen sie dafür dass von den Abfuhrunternehmern (κοπρολόγοι) keiner den Unrath innerhalb einer Entfernung von zehn (?) Stadien von der Stadtmauer abladet, und schreiten ein wenn Jemand Strassenterrain bebaut, oder über die Strassenflucht hinaus hohe Vorbauten, oder in der Höhe Wasserrinnen anbringt welche ihren Ausfluss auf die Strasse haben, oder die Thürflügel seines Hauses nach der Strasse sich öffnen lässt. Auch die Leichname der auf der Strasse Verunglückten heben sie mit Hilfe von Staatssklaven die in ihrem Dienste stehen auf.

51) Durch das Loos werden sodann die Marktmeister (ἀγορανόμοι) bestellt, fünf für die Stadt, fünf für den Peiraieus. Diesen liegt die gesetzliche Verpflichtung ob dafür zu sorgen, dass nur unverfälschte und echte Waare feilgeboten werde. Erloost werden auch die Aichmeister (μετρονόμοι), fünf für den Peiraieus, fünf für die Stadt: sie führen die Aufsicht über alle Maasse

und Gewichte und haben darauf zu sehen, dass
die Verkäufer sich nur richtiger Maasse bedienen.
Ebenso werden die Getreidemarktskommissare
(σιτοφύλακες) erloost, früher fünf für den Peiraieus,
fünf für die Stadt, jetzt aber zwanzig für die Stadt
und fünfzehn für den Peiraieus. Diese haben
zunächst darauf zu achten, dass das auf den
Markt kommende unverarbeitete Getreide den
gesetzlichen Vorschriften gemäss verkauft werde;
ferner darauf dass die Müller das Mehl dem
Preise der Gerste entsprechend und die Bäcker
die Brode dem Preise des Weizens gemäss sowie
nach dem von der Behörde festgesetzten Gewichte verkaufen: denn auch dies ist eine ihrer
Obliegenheiten, dass sie eine Brodtaxe aufstellen.
Des weiteren erloosen sie die zehn Vorsteher des
Hafengebiets, denen die Aufsicht über die Hafen-
speicher obliegt, sowie darauf zu halten dass von
dem im Kornhafen einlaufenden Getreide die
Grossisten zwei Drittel auf den städtischen Markt
schaffen.

(52)   Durch das Loos bestellen sie ferner die Elfmänner, welche die Aufsicht über die Gefangenen
im Kerker führen und die zur Haft gebrachten
Einbrecher, Menschenhändler und Strassenräuber
falls sie geständig sind mit dem Tode bestrafen:
leugnen sie die That, so führen sie dieselben
vor das Volksgericht, und setzen sie in Freiheit
wenn dieses sie freispricht: im anderen Falle
richten sie sie hin. Ferner reichen sie das über

die Grundstücke und Häuser der verurtheilten
Verbrecher aufgenommene Inventar beim Volksgericht ein und übergeben dasjenige davon, was
als dem Staate verfallen erklärt wird, den Poleten;
ebenso gehört es zu den Pflichten der Elfmänner die
Denunziationen von Criminalverbrechen (ἐνδείξις)
einzubringen, mit Ausnahme derjenigen welche
die Thesmotheten vor das Gericht bringen.

Ferner erloosen sie zu öffentlichen Anwälten·
(εἰσαγωγεῖς) fünf Männer, einen aus je zwei Kreisen,
welche diejenigen Rechtsstreitigkeiten einzuleiten
haben, welche in Monatsfrist erledigt sein müssen.
Dazu gehören die Prozesse in Mitgiftssachen,
wenn der dazu Verpflichtete nicht zahlen will,
desgleichen wenn ein Schuldner den üblichen
Monatszins des geliehenen Kapitals im Betrage
von einem Prozent nicht entrichtet, oder wenn
jemand, der um ein Geschäft auf dem Markt anzu-
fangen sich das Betriebskapital dazu geborgt
hat, den Vertrag nicht einhält, die Klagen aus
Vereins- und Kompagnieverträgen sowie aus
Bankgeschäften, ferner die Klagen wegen körper-
licher Misshandlung, wegen Ersatz des durch
Sklaven oder Zugvieh verursachten Schadens,
oder wegen trierarchischer Leistungen. Diese
schleunigen Sachen bringen sie ein und führen
die gerichtliche Entscheidung binnen Monatsfrist
herbei: das Gleiche liegt den Generaleinnehmern
im Interesse der Pächter der Staatsgefälle sowie
bei Klagen gegen dieselben ob, indem sie bei

Streitobjekten bis zu zehn Drachmen Werth selbst entscheiden, alle anderen aber als schleunige binnen Monatsfrist zu entscheidende Sachen beim Volksgericht anhängig machen.

(53) Durch das Loos bestimmen sie auch die sogenannten 'Vierzigmänner', vier aus jedem Kreise, bei welchen die anderen Civilklagen anzubringen sind: früher betrug ihre Zahl dreissig, die auf Rundreisen durch die einzelnen Gemeinden Gerichtstage abhielten, aber nach dem verhassten Oligarchenregiment der Dreissig ist ihre Zahl vierzig geworden. Prozesse deren Objekt den Werth von zehn Drachmen nicht übersteigen, urtheilen sie endgiltig ab: was über diesen Werth hinausgeht, weisen sie den Schöffen (διαιτηταί) zu. Können diese nach Annahme der Sache keinen Vergleich herbeiführen, so fällen sie ein Erkenntniss: gefällt dasselbe beiden Parteien, so dass sie sich dabei beruhigen, so ist der Prozess zu Ende. Wenn aber einer der beiden Prozessgegner an das Volksgericht appelliert, so packen sie die Zeugenaussagen und Eidesdelationen nebst den angezogenen Gesetzesbestimmungen in zwei Kapseln, die des Klägers getrennt von denen des Beklagten, versiegeln dieselben, hängen ihre schriftlich auf einem Täfelchen formulierte Schöffenentscheidung an die Kapseln und übergeben sie den Vierzigern, welche die Prozesse aus dem Kreise aus welchem der Beklagte stammt instruieren. Diese nehmen sie in Empfang

und bringen sie beim Volksgericht ein, die Sachen
unter 1000 Drachmen vor zweihundertundein, die
über 1000 Drachmen Werth vor vierhundertundein Geschworenen. Diese dürfen aber nur auf
Grund derjenigen gesetzlichen Bestimmungen
und Beweismittel entscheiden, welche sich in den
vom Schöffen in die Kapseln eingepackten Akten
befinden. Schöffen sind nur solche Athener welche
im sechzigsten Lebensjahre stehen. Dies wird
durch die Namen des Archonten und des betreffenden Eponymen beurkundet. Es giebt nämlich
ausser den zehn Eponymen der Kreise noch
zweiundvierzig für die verschiedenen Jahrgänge
der kriegsdienstpflichtigen Bürgerschaft: nun
wurden die Namen der mit achtzehn Jahren in
die Bürgerliste eingetragenen Epheben früher
auf einer geweissten Tafel verzeichnet mit Hinzufügung des Archonten unter dem sie eingetragen
worden, sowie des Eponymen der Altersklasse,
die das Jahr vorher den Schöffendienst geleistet
hat: jetzt steht eine Erztafel mit den Namen vor
dem Rathhause bei den Bildern der Eponymen.
Die Vierzigmänner nehmen den letzten der Eponymen heraus und theilen den auf seiner Tafel ver-
zeichneten die Schöffensachen zu, welche sie durch
das Loos den Einzelnen zuweisen: es muss aber
jeder die ihm zugeloosste Sache annehmen und sie
zu Ende führen, denn das Gesetz verhängt den
Verlust der bürgerlichen Ehrenrechte (Atimie)
über denjenigen welcher, wenn er in das gesetz-

lich vorgeschriebene Altersjahr getreten ist, nicht Schöffe wird, es sei denn dass er entweder in diesem Jahre ein anderes Amt bekleide oder sich ausser Landes befinde: diese zwei Kategorien sind allein von dieser Dienstleistung befreit. Meint Jemand vom Schöffen in rechtswidriger Weise behandelt zu sein, so steht ihm die Meldeklage bei den Vierzigmännern zu; der für schuldig befundene verfällt nach Vorschrift des Gesetzes der Atimie: doch steht auch ihnen Appellation offen. Die oben erwähnten Eponymen dienen übrigens auch beim Aufgebot des Heerbannes: soll ein Auszug waffenfähiger Mannschaft stattfinden, so wird ausgeschrieben von welchem Archonten und Eponymen an bis zu welchen die Mannschaft in Dienst treten solle.

(54)   Endlich werden noch folgende Beamten durch das Loos bestimmt: die fünf Wegemeister (ὁδοποιοί), welche mit ihrem Arbeiterpersonal von Staatssklaven die öffentlichen Wege in Stand zu halten haben; die zehn Mitglieder des Oberrechnungshofes (λογισταί) nebst den zehn Staatsanwälten (συνήγοροι), vor welchen alle Beamten nach Ablauf ihrer Amtszeit Rechnung zu legen haben: sie allein haben die Befugniss den rechenschaftspflichtigen Behörden die Rechnungen abzunehmen und die Dechargeertheilung vor das Volksgericht zu bringen. Ueberführen sie dabei jemanden einer Veruntreuung, so erkennen die Geschworenen auf Unterschleif, und die durch

das Erkenntniss festgestellte unterschlagene Summe ist in zehnfachem Betrag als Busse zu erlegen; weisen sie nach dass jemand Geschenke angenommen hat, so erkennen sie auf Bestechung, deren Betrag ebenfalls in zehnfacher Höhe zu büssen ist; fällen sie das Urtheil er habe eine ordnungswidrige Ausgabe gemacht, so erkennen sie auf Etatsüberschreitung, und diese wird um den einfachen Ersatz des Defekts gebüsst, den der Betreffende bis zur neunten Prytanie abzuzahlen hat, widrigenfalls die Summe verdoppelt wird: die zehnfachen Strafbeträge unterliegen der Verdoppelung nicht. — Ferner den Staatsschreiber, der den Namen 'Schreiber der Prytanie' führt, welcher als Chef der Kanzlei die Abfassung der Beschlüsse überwacht und bei allen anderen Rathsverhandlungen zugegen ist und als Gegenschreiber die Kontrolle führt. Früher ward diese Stelle durch Wahl besetzt, und man wählte zu ihr die angesehensten und vertrauenswürdigsten Bürger, denn der Name dieses Würdenträgers wird den inschriftlichen Ausfertigungen von Bundesverträgen, Urkunden über die Ertheilung des privilegierten Gastrechts sowie den Bürgerrechtsdiplomen beigefügt. Zweitens erloosen sie den Sekretar für die Gesetze, welcher bei den Rathssitzungen zugegen ist und ebenfalls als Gegenschreiber in seinem Bereich die Kontrolle bei allen Beschlüssen führt. Endlich wählt das Volk durch Handmehr einen Schreiber,

der lediglich die Aufgabe hat der Volksversammlung und dem Rath die betreffenden Schriftstücke
vorzulesen. — Die Volksversammlung ernennt
durch das Loos die zehn Opferbesorger (ἱεροποιοί)
für die ausserordentlichen Opferhandlungen
welche etwa von den Zeichendeutern verlangt
werden, die mit den Zeichendeutern zusammen
die erforderliche Eingeweideschau vorzunehmen
haben. Ebenso die zehn sogenannten 'Opferbesorger des Jahres', welchen neben der Aus-
richtung gewisser anderer Opferhandlungen vornehmlich die Sorge für alle diejenigen Opfer
obliegt welche regelmässig jedes fünfte Jahr
dargebracht werden, mit Ausnahme des grossen
Panathenaienopfers. Solcher periodischer nach
vier Jahren wiederkehrenden Opfer giebt es
folgende: erstlich das Opfer welches nach
Delos entsandt wird, zu unterscheiden von der
jedes siebente Jahr dort stattfindenden Feier,
zweitens die Brauronien, drittens die Herakleen,
viertens das Panathenaienopfer welches nach
Eleusis dargebracht wird: keines von diesen
entfällt auf dasselbe Jahr [des vierjährigen Cyklus],
. . . . als Kephisophon Archon war. — 329
Endlich noch den Archon auf Salamis und den
Gemeindevorsteher im Peiraieus: beide haben
an diesen Orten die Dionysienfeier zu leiten und
die dazu erforderlichen Leistungen für den Chor
den geeigneten Bürgern als Choregen aufzuer-
legen. Der Name des in Salamis fungierenden

(55) Archon wird daselbst registriert. Alle diese aufge-
zählten Regierungsstellen werden durch das Loos
besetzt und haben die erwähnten Befugnisse.
Auch das Collegium der neun Archonten,
dessen ursprüngliche Bestellungsweise ich schon
früher erzählt habe, wird jetzt durch das Loos
bestellt, sowohl die sechs Thesmotheten nebst
ihrem Sekretar, wie der erste Archon, der
Archon-König und der Polemarch, je einer aus
jedem Kreise. Die Bestätigungsprüfung (δοκιμασία),
welcher alle Beamten, die erloosten so gut wie
die 'gewählten, unterworfen sind, bestehen sie
zunächst vór dem Rathe der Fünfhundert, mit
Ausnahme ihres Sekretars, der ebenso wie die
übrigen Beamten nur vor dem Volksgericht die
Prüfung abzulegen hat, während die neun Archonten sowohl im Rathe wie darauf zum zweiten
Male vor dem Gericht geprüft werden. Früher
durfte sobald der Rath einen für untauglich erklärte, dieser nicht das Archontat antreten: jetzt
findet Appellation an das Volksgericht statt, und
dessen Entscheidung ist endgiltig. Bei dieser
Prüfung werden nun folgende Fragen gestellt:
zunächst 'wie heisst dein Vater und welcher Gemeinde gehört er an? wie der Vater deines
Vaters? wie deine Mutter, sowie ihr Vater, und
aus welcher Gemeinde stammt er?' Hierauf wird
gefragt, ob er zu einer Cultgenossenschaft des
Apollon der Väter und des Zeus des Hofes ge-
höre, und zu welchen Heiligthümern dieser beiden

attischen Stammesgötter er eingepfarrt sei; dann
ob er ein Erbbegräbniss seiner Familie habe und
wo dasselbe liege, ob er seine Eltern ehre, seine
Abgaben entrichte und die erforderlichen Feld-
züge abgedient habe. Demnächst sagt der Frag-
steller: 'lade hierfür deine Zeugen'! und wenn
dieselben zur Stelle erschienen sind, frägt er: 'will
gegen diesen Mann jemand Einspruch erheben?'
Findet sich ein Kläger, so ertheilt er erst das
Wort zur Begründung des Einspruchs sowie zur
Widerlegung desselben, und lässt darauf abstimmen, den Rath durch Handaufheben, das
Volksgericht mit Stimmsteinen; will aber niemand Einspruch erheben, so lässt er sofort abstimmen. Früher pflegte in diesem Falle nur
ein einziger für die übrigen seinen Stimmstein
in die Urne zu legen, jetzt müssen alle über die
Archonten abstimmen, damit den Geschworenen
die Möglichkeit geboten sei, falls jemand im Be-
wusstsein seiner Unwürdigkeit die Ankläger zum
Schweigen gebracht hat, ihn nichts destoweniger
zurückweisen zu können. Ist die Prüfung in
diesen Formen vollzogen, so begeben sich die
Archonten zu dem Felsblock [auf dem Markte],
unter welchem sich die Kassengewölbe befinden
und auf welchem auch die Schöffen nach eidlicher
Erklärung ihre Schöffensprüche verkünden, sowie
die Zeugen ihre Aussagen beschwören. Auf ihn
steigen sie und schwören ihr Amt wie es Rechtens
und den gesetzlichen Vorschriften gemäss sei

verwalten und keine Geschenke mit Bezug auf ihre
amtliche Thätigkeit annehmen zu wollen: sollten
sie es aber doch gethan haben, ein goldenes Bild
zu stiften. Nach diesem Eide begeben sie sich auf
die Burg und leisten dort denselben Schwur:
hierauf erst treten sie ihr Amt an.

(56) Nun wählen sich der erste Archon, der Archon
König und der Polemarch je zwei Beisitzer, welche
vor Antritt ihrer Thätigkeit der Bestätigungsprüfung durch das Volksgericht unterliegen, und
ebenso nach Ablauf derselben rechenschafts-
pflichtig sind. Der erste Archon erlässt sofort
nach seinem Amtsantritt eine öffentliche Bekannt-
machung, in welcher er für die Dauer seines
Amtes jeden Bürger in dem Besitz und der freien
Verfügung über sein Vermögen wie er es beim
Beginn des Amtsjahres gewesen bestätigt. Sodann bestellt er aus der Zahl aller athenischen
Bürger die drei reichsten, um die Chöre für die
Tragödienaufführungen auszustatten; ehedem bestellte er auch noch fünf für die Aufführungen der
Komödien: jetzt liefern die letzteren die Kreise
von sich aus. Sodann übernimmt er die von den
Kreisen gestellten Choregen: nämlich zehn für
die Ausstattung der dithyrambischen Männer- wie
Knabenchöre und der Chöre der Komödien am
Dionysosfeste, einen aus jedem Kreise; ebenso
die fünf welche am Thargelienfeste für die Männer-
und Knabenchöre von je zwei Kreisen, die darin
abwechseln, zusammen dargeboten werden, lässt

eventuell das Verfahren des Vermögenstausches
unter ihnen eintreten oder bringt ihre Dispen-
sationsgründe zur gerichtlichen Entscheidung,
wenn der betreffende meint, dass zu dieser Leistung
eher ein anderer verpflichtet sei oder ihm selbst
vielmehr eine andere Leistung zustehe oder dass
er das für die bezügliche Leistung erforderliche
Alter noch nicht erreicht habe, wie z. B. der Chorege
eines Knabenchors über vierzig Jahre alt sein
muss. Ebenso bestellt er auch die Choregen für
den Chor welcher nach Delos gesandt wird, sowie
den Führer der Festgesandtschaft (ἀρχιθέωρος) auf
dem alten Dreissigruderschiff, welches nach
altem Brauch die Jünglinge dorthin trägt. Auch
hatte er die Fürsorge für die Festprozession nach
dem Heiligthum des Asklepios, an dem Tage an
welchem die Eingeweihten sich im Hause halten,
sowie für den Festzug an den grossen Dionysien
gemeinschaftlich mit den zehn Festordnern, welche
ehemals vom Volk gewählt wurden und den Auf-
wand des Festzuges aus eigener Tasche bestritten:
jetzt erloost sie das Volk, einen aus jedem Kreise,
und giebt ihnen zur Ausstattung des Zuges hundert
Minen. Desgleichen hat er die Prozession an
den Thargelien und die für den Zeus Retter
anzuordnen, und hat die Leitung der Kampfspiele
an den Dionysien wie an den Thargelien. Dieses
sind die Feste, die er zu besorgen hat.

Von Schrift- und Privatklagen gehören folgende unter die Jurisdiktion des Archon, der sie

instruiert und alsdann zur Entscheidung vor
das Volksgericht bringt: die Klagen wegen Misshandlung der Eltern — bei denen der Kläger,
und es steht jedem frei die Klage zu erheben,
im Falle der Abweisung keine Busse zu befahren
hat —; wegen schlechter Behandlung von Waisen
gegen ungerechte Vormünder; wegen schlechter
Behandlung einer Erbtochter seitens der Vormünder wie seitens des Ehemanns; wegen Min-
derung des Waisenvermögens gegen Vormünder;
wegen Geistesstörung, wenn jemand einen andern
anklagt aus Unzurechnungsfähigkeit sein Vermögen zu vergeuden; auf Bestellung von Liqui-
datoren, wenn jemand einen gemeinsam vererbten
Besitz zu theilen wünscht; auf Einsetzung einer
Vormundschaft; auf gerichtliche Uebertragung
der Vormundschaft, wenn mehrere auf dieselbe
Vormundschaft Anspruch erheben, endlich auf
gerichtliche Zuweisung von Hinterlassenschaften
und Erbtöchtern. Er hat nämlich die Fürsorge
für Waisen, Erbtöchter und solche Wittwen welche
behaupten von dem verstorbenen Ehemann guter
Hoffnung zu sein, und ist ganz allgemein befugt
diejenigen welche sich eine Rechtsverletzung
haben zu Schulden kommen lassen mit einer Geldbusse zu belegen oder vor das Gemeindegericht
zu verweisen. Auch hat er die Häuser Unmündiger
oder von Erbtöchtern zu vermiethen und ist.....,
er nimmt die gestellten Cautionen in Empfang,
und wenn ein Vormund den Kindern die erforder-

liche Verpflegung nicht gewährt, treibt er sie
von ihm bei. Dies sind die der Fürsorge des
Archon unterstellten Geschäfte.

(57) Dem Archon-König liegt in erster Linie die
Sorge für die Mysterienfeier ob; dabei stehen
ihm vier Festordner zur Seite, die vom Volke
erwählt werden, und zwar zwei aus der gesammten Bürgerschaft, einer aus dem Geschlecht
der Eumolpiden und einer aus dem der Keryken.
Sodann leitet er die kleinen Dionysien, die beim
Lenaionheiligthum gefeiert werden.... Der Festzug wird vom Archon-König gemeinsam mit den
Festordnern in Bewegung gesetzt; die Kampfspiele dagegen besorgt der Archon allein, wie
er auch für alle Fackelwettläufe, soviel deren in
Athen veranstaltet werden, Sorge zu tragen hat.
Ueberhaupt kann man sagen dass alle aus der
Zeit der Väter stammenden heiligen Handlungen
seiner Leitung unterstehen. Von Prozessen fallen
unter seine Gerichtsbarkeit die Klagen auf Cult-
und Religionsfrevel und die Klagen wegen strit-
tiger Priesterthümer; auch hat er alle Streitig-
keiten die unter den Geschlechtern oder den
Priestercollegien wegen zuständiger Privilegien
entstehen, zu entscheiden. Auch alle Mordklagen
werden bei ihm anhängig gemacht; soll ein Mörder aus der Gesetzesgemeinschaft ausgestossen
werden, so ist es der Archon-König der dies
feierlich zu verkünden hat. Bei allen diesen
Klagen, sowohl auf Mord wie auf tödtliche

Verletzung, handelt es sich um Vorsätzlichkeit
oder Unvorsätzlichkeit. Die Klage auf vorsätz-
lichen Mord wird vor den Areopag schriftlich
eingebracht, ebenso die wegen Giftmischerei mit
tödtlichem Ausgang und wegen Brandstiftung.
Dies sind die einzigen Fälle die dem Spruche
des Areopag unterworfen sind. Klagen auf
unvorsätzlichen Mord oder auf Mordanstiftung
oder auf Tödtung eines Sklaven, eines Schutz-
bürgers oder eines Fremden kommen vor das
Gericht am Pallasheiligthum. Wer des Tod-
schlags geständig ist, aber die Ungesetzlichkeit
der That leugnet, wenn er z. B. den Verführer
seines Weibes, den er im Ehebruch ertappt, oder
wenn er unwissentlich einen Mitbürger im Kriege
oder unabsichtlich einen im Kampfspiel erschlagen
hat, wird vor dem Gericht am delphinischen
Heiligthum gerichtet. Wer wegen eines sühnungs-
fähigen Mordes in der Verbannung lebt und
draussen jemanden gemordet oder tödtlich verletzt zu haben beschuldigt wird, der wird in
dem am Meere gelegenen Gerichtshofe, der den
Namen Phreatto führt, gerichtet. Er legt sich
mit seinem Fahrzeuge an der Küste vor Anker
und führt von dort aus seine Vertheidigung. Alle
diese Fälle werden von erloosten Geschworenen
abgeurtheilt, mit Ausnahme derer die dem Areopag zustehen. Zu Gerichte sitzen sowohl die
Richter wie der Archon-König selbst im vollen
Sonnenlicht unter freiem Himmel, und auch sein

7*

Amtszeichen, den Myrtenkranz, legt der Archon im Gericht ab. Dem Angeklagten ist bis zum Gerichtstage jede Betretung einer geweihten Stätte untersagt und keiner darf die Hand auf ihn legen; am Gerichtstage aber betritt er das Heiligthum, in dessen Bezirk sich das Gericht befindet, und führt seine Vertheidigung — — — Endlich hat der Archon-König zusammen mit den Stammesältesten über solche Fälle abzuurtheilen, wo ein lebloser Gegenstand oder ein Thier die Tödtung verursacht hat.

(58) Der dritte der Archonten, der Polemarch, bringt der Artemis und dem Enyalios an ihren Festtagen das Opfer dar, er ordnet die Kampfspiele am Todtenfest für die im Kriege gefallenen, er richtet das Todtenopfer für Harmodios und Aristogeiton aus. Von Civilprozessen fallen unter seine Gerichtsbarkeit alle diejenigen, in denen eine der beiden Parteien ein ansässiger Schutzbürger (μέτοικος) oder ein bürgerlich steuernder Fremder (ἰσοτελής) oder ein privilegierter Gast des Staates (πρόξενος) ist. Die eingereichten Klagen hat er nach der Kreiszugehörigkeit der Parteien den zehn Kreisen zuzuweisen, die Vierziger des Kreises geben sie dann an die Schöffen ab. Andere Schutzbürgerprozesse hat der Polemarch selbst zu instruieren, wenn nämlich der Schutzbürger verklagt ist, dass er den gesetzlichen Patron nicht habe, oder wenn er seinen Patron wechseln will, ebenso wenn es sich um Erbschafts- oder

Erbtochtersachen handelt. Überhaupt alles was
der erste Archon für die Bürger, das hat der
Polemarch für die Schutzbürger zu thun.

(59)   Die sechs Thesmotheten haben zunächst die
Tage auszuschreiben, an denen die Gerichtshöfe
Sitzung halten sollen, sodann diese den einzelnen
Behörden zuzuweisen; wie die Thesmotheten die
Gerichtshöfe vertheilen, so müssen die Behörden
sie nehmen. Sie haben ferner die Meldeklagen
wegen politischer Verbrechen beim Volke einzubringen und beim Urtheilsspruch die Abstimmung zu leiten, ebenso alle präjudiziellen Entscheidungen in der Versammlung einzuleiten, die
Klagen wegen Gesetzwidrigkeit oder unzweck-
mässiger Gesetzesanträge, die Geschäftsord-
nungsklagen gegen den Vorsitzenden der Volksversammlung oder gegen das Bureau, endlich
die Rechenschaftsablage der Feldherren. Auch
von solchen Schriftklagen, bei denen Gebühren
erlegt werden, stehen ihnen einige zu, nämlich
die Klagen gegen den dessen Bürgerrecht bestritten wird (ξενίας), gegen den der die Richter
durch Geschenke bestimmt hat ihm das be-
strittene Bürgerrecht zuzuerkennen (δωροξενίας),
die Klagen wegen Verläumdung und wegen Bestechung; ferner die Klagen wegen fälschlicher
Eintragung in die Liste der Staatsschuldner
(ψειδεγγραφῆς), die Klagen derer die als Staatsschuldner nicht ordnungsgemäss vorgeladen zu
sein behaupten (ψευδοκλητείας), die Klagen gegen

die welche sich vorzeitig aus der Liste der
Staatsschuldner haben löschen lassen (ἀγραφίου),
oder die Löschung unterlassen haben, und wegen
Ehebruch. Die Thesmotheten leiten auch die Be-
stätigungsprüfungen aller Beamten ohne Ausnahme ein, ebenso die Prozesse derer denen
die Gemeindegenossen die Eintragung in die
Bürgerrolle verweigert haben, beziehentlich der
Rath ein verurtheilendes Erkenntniss in derselben
Sache abgegeben hat. Auch in Privatprozessen
haben sie den Vorsitz, nämlich in Handels- und
Bergwerkssachen, ebenso in Sklavensachen, wenn
ein Unfreier üble Nachrede gegen einen Bürger
führt. Sie sind es auch, die nicht nur die Rechts
verträge mit anderen Staaten abschliessen, sondern auch die daraus erwachsenen Prozesse ein-
leiten, ebenso die Klagen wegen falscher Zeug-
nissablegung, die sich an die Blutprozesse des
Areopag anschliessen. Und für alle, für öffent-
liche wie für Privatprozesse, loosen sie den einzelnen Behörden die Gerichtshöfe zu: bei der
Ausloosung der Richter dagegen in die einzelnen
Gerichtshöfe sind nicht nur sie, sondern alle neun
Archonten betheiligt, und als zehnter tritt der
Themothetensekretar hinzu, also dass jeder die
aus seinem Kreise zu entnehmenden Geschworenen erloost. Soviel ist über die Thätigkeit der
neun Archonten zu sagen.

(60) Auch die Festvorsteher (ἀθλοθέται) werden
durchs Loos bestellt, zehn an der Zahl, aus jedem

Kreise einer. Wenn sie bestätigt sind, bleiben sie vier Jahre im Amte und haben für die Panathenaien den Festzug, die musischen und gymnastischen Spiele sowie das Pferdewettrennen zu besorgen, sie lassen in Gemeinschaft mit dem Rathe das Festgewand der Göttin, den Peplos, und ebenso die Thonkrüge anfertigen, in denen sie den siegreichen Kämpfern das Oel verabfolgen. Dieses Oel wird von den heiligen Oelbäumen gewonnen, und der Archon treibt es von denen ein auf deren Grund und Boden jene Bäume stehen, von jedem Baum anderthalb Kotylen. Früher hatte der Staat den Fruchtertrag verpachtet, und es gab ein Gesetz, dass wer einen heiligen Oelbaum ausgrub oder fällte vor das Gericht des Areopag gestellt und, falls er schuldig befunden ward, mit dem Tode bestraft werden sollte. Seitdem aber die Bäume in Privatbesitz übergegangen sind und die Besitzer das Oel stellen müssen, ist dies gerichtliche Verfahren abgekommen', wenn auch das Gesetz noch fortbesteht. Das dem Staate zukommende Oel muss von den Früchten an den jungen Zweigen, nicht von denen am alten Stamme sein. Wenn der Archon nun den Ertrag seines Jahres eingetrieben hat, liefert er ihn auf die Akropolis an die Schatzmeister, und nicht eher darf er [nach Verlauf seiner Amtszeit] seinen Platz auf dem Areopag einnehmen, als bis er alles an die Schatzmeister abgeliefert hat. Die Schatzmeister aber bewahren

das Oel bis zum Panathenaienfest auf der Burg
auf: dann messen sie es den Festvorstehern zu,
und diese überreichen den Siegern ihren Theil.
Es kommen nämlich verschiedene Preise zur Ver-
theilung: wer im musischen Wettkampfe siegt,
bekommt einen silbernen oder goldenen Kranz,
wer die stattlichste Ausrüstung und männlichste
Haltung zeigt, bekommt einen Schild, wer in den
gymnastischen Spielen oder im Pferderennen
siegt, erhält Oel.

(61) Durch Wahl dagegen werden alle Offizierstellen besetzt. So werden die zehn Feldherrn
gewählt, früher aus jedem Kreise je einer, jetzt
aber alle aus der gesammten Bürgerschaft. Einem
jeden von ihnen wird durch Handmehr ein be-
stimmter Wirkungskreis zugewiesen: einer erhält
das Commando über die Schwerbewaffneten und
damit den Oberbefehl beim Auszug ins Feld,
ein zweiter wird für den Schutz des Landes bestimmt, und nur wenn der Feind im Lande steht,
kommt auch er ins Gefecht. Zwei werden in
den Peiraieus geschickt, und zwar der eine nach
Munichia, der andere an die Küste, zum Schutz
für die unbefestigten Theile der Küste und die
Arsenale im Peiraieus. Der fünfte hat die sogenannten Schiffsvereine (συμμορίαι) unter sich:
er hat diejenigen zu bestimmen die nach ihrer
Vermögenslage ein Schiff auszurüsten im Stande
sind, lässt eventuell das Verfahren des Vermögenstausches eintreten und hat bei den daran

sich knüpfenden gerichtlichen Verhandlungen
den Vorsitz. Die übrigen fünf Feldherrn werden
nach Bedürfniss ausgeschickt. Zehnmal im Jahre,
einmal in jeder Prytanie, wird in der Volksversammlung darüber abgestimmt, ob gegen die
Amtsführung der Feldherrn etwas einzuwenden
sei oder nicht: fällt die Abstimmung ungünstig
aus, wird der betreffende vor Gericht gestellt,
und im Verurtheilungsfalle wird die Strafe die
er zu erleiden oder die Busse die er zu zahlen
hat festgesetzt; wird er freigesprochen, führt
er sein Amt weiter. Die Feldherrn haben während
der Dauer ihres Commandos das Recht den der
sich einer Insubordination schuldig macht in
Fesseln zu legen, aus dem Dienst zu stossen und
mit Geld zu büssen, doch ist die letztere Strafe
nicht üblich. Auch die zehn Obersten (ταξίαρχοι)
werden gewählt, aus jedem Kreise einer, der seine
Kreisangehörigen commandiert und die Haupt-
leute ernennt. Auch die zwei Reiter-Obersten werden durch Wahl aus der gesammten Bürgerschaft
bestellt: diese theilen sich so in das Commando,
dass jeder die Reiterei von fünf Kreisen führt.
Sie haben den Reitern gegenüber dieselben Befugnisse wie die Feldherrn den Fusstruppen
gegenüber, und auch sie sind einer ähnlichen
Abstimmung unterworfen wie jene. Gewählt
werden auch die Rittmeister (φύλαρχοι), aus jedem
Kreise einer, deren Stellung bei der Reiterei
der der Obersten beim Fussvolk entspricht.

Ferner wird gewählt der Reiteroberst für Lemnos, der die dortige Reiterei befehligt, endlich noch zwei Schatzmeister für die beiden Staatsyachten, die Paralos und die Ammonias.

(62) Alle durchs Loos bestellten Beamten zerfielen früher in zwei Klassen: die einen welche zusammen mit den neun Archonten aus dem ganzen Kreise erloost wurden, die anderen deren Erloosung von den einzelnen Gemeinden im Theseusheiligthum vorgenommen wurde. Seitdem aber die Gemeinden anfingen mit den Regierungsstellen Handel zu treiben, werden auch diese Beamte aus dem ganzen Kreise erloost, mit Ausnahme der Rathsherren und der Besatzungsmannschaften: die Ausloosung dieser ist auch jetzt noch den Gemeindegenossen überlassen.

Bezahlung erhalten in Athen erstlich alle Bürger, die an der Volksversammlung Theil nehmen, und zwar für die Hauptsitzung anderthalb Drachmen, für die übrigen Sitzungen eine Drachme; sodann die Geschworenen drei Obolen [eine halbe Drachme] jeder; dann die Rathsmitglieder jeder fünf Obolen, wobei jedoch dem geschäftsführenden Ausschuss für die Beköstigung im Amtslokal noch weitere zehn Obolen zugelegt werden. Die neun Archonten erhalten für ihre Beköstigung jeder vier Obolen, wovon sie ausserdem den Unterhalt für ihren Herold und ihren Flötenspieler zu bestreiten haben: der Archon auf der Insel Salamis hat eine Drachme täglich. Der Festvorstand wird im Monat Hekatombaion, in welchen das Panathenaienfest fällt, im Prytaneion verköstigt, und zwar vom vierzehnten an. Die Festgesandten zur delischen Amphiktyonie erhalten eine Drachme Diäten aus der delischen Kasse; ebenso werden allen Beamten die in die auswärtigen Besitzungen, nach Samos, Skyros, Lemnos und Imbros abgeordnet werden, Diäten gezahlt.

Uebrigens darf keiner irgend ein Civilamt mehr als einmal bekleiden, nur Rathsherr darf einer zweimal werden. Die militärischen Chargen dagegen dürfen auch öfters von einem und demselben bekleidet werden.

(63) Die Geschworenen werden von den neun Archonten ausgeloost; jeder übernimmt einen Kreis und der Thesmothetensekretar den zehnten. Eingänge in die Gerichtslokale giebt es zehn, für jeden Kreis einen, Räumlichkeiten wo die Geschworenen erloost werden zwanzig, zwei für jeden Kreis; zu diesem Zwecke stehen hundert Truhen da, für jeden Kreis zehn, und weitere zehn Truhen in welche die Geschworenen ihre Erkennungsmarken hineinwerfen. Neben jedem Eingang stehen zwei Loosurnen und soviel Stäbe als Geschworene da sind; in jede Urne werden Eicheln hineingethan, deren Zahl nach den Stäben bemessen wird, jede mit einem Buchstaben bezeichnet, vom elften Buchstaben L ab, soviel Gerichtshöfe zu besetzen sind.

Geschworener darf jeder werden, der das dreissigste Lebensjahr überschritten hat, es sei denn dass er der Staatskasse schuldet oder dass ihm die bürgerlichen Ehrenrechte aberkannt sind. Uebt einer unbefugt das Amt, so wird er vermittelst einer Meldeklage vor dem Gerichtshofe in dem er sitzt belangt; im Verurtheilungsfalle hat er die Strafe zu erleiden oder die Busse zu zahlen die das Gericht nach eigenem Ermessen ihm zudiktiert. Erkennt das Gericht auf eine Geldstrafe, so wird er in Haft genommen, bis er die gerichtlich auferlegte Busse, und wenn er der Staatskasse schuldete, auch diese Schuld, derenwegen er verklagt war, bezahlt hat.

Jeder Richter hat eine Erkennungsmarke von Buchsbaumholz, auf der sein Name, der seines Vaters und seiner Heimathsgemeinde, dazu einer der zehn Buchstaben von A bis K geschrieben steht. Die Gesammtmasse der Geschwornen nämlich zerfällt nach den Kreisen in zehn Abtheilungen, und in jeder durch einen der zehn Buchstaben bezeichneten Abtheilung sitzt annähernd die gleiche Anzahl. Wenn nun der Thesmothet die Buchstaben welche die einzelnen Gerichtshöfe bezeichnen verloost hat, nimmt ein Ausläufer die ausgeloosten Buchstaben und befestigt sie an der Thür der betreffenden Gerichtslokale.

In dem nur bruchstückweise erhaltenen Schlusstheile hatte Aristoteles sehr ausführlich das Abstimmungsverfahren der Geschwornen beschrieben und damit die ganze Schrift abgeschlossen.